모든 칠리 요리책

소고기, 닭고기, 채식주의자, 비건 등 군침이
도는 100 가지 레시피로 풍부하고 매운 칠리의
세계를 발견하세요

소연 박

목차

소개

칠리는 궁극의 편안함을 주는 음식입니다. 따뜻하고 매콤하며 언제나 만족스럽습니다. 순한 칠리 또는 매운 칠리를 선호하든, 콩을 넣든 넣지 않든 모두를 위한 레시피가 있습니다. 이 요리책에서 우리는 감명을 줄 100 가지 맛있고 독특한 칠리 요리법을 공유하게 되어 기쁩니다. 클래식 비프 칠리부터 고구마와 검은 콩 칠리와 같은 채식 옵션에 이르기까지 모두를 위한 메뉴가 있습니다. 우리의 레시피는 단계별 지침과 매번 요리가 완벽하게 나올 수 있도록 유용한 팁이 포함되어 있어 따라하기 쉽습니다. 또한 칠리와 그 역사에 대한 배경 정보와 이 요리를 특별하게 만드는 독특한 맛과 기술을 익히는 요령도 공유할 것입니다. 그러니 칠리의 예술을 발견하기 위한 이 여정에 우리와 함께 하십시오. 100 가지 레시피를 통해 미뢰를 따뜻하게 하고 요리 기술로 친구와 가족에게 깊은 인상을 남길 수 있습니다. 이 요리책에서 다음을 찾을 수 있습니다.

- ✓ 클래식 비프 칠리 레시피
- ✓ 닭고기, 칠면조 고기 및 돼지 고기 칠리 요리법
- ✓ 채식 및 비건 칠리 요리법
- ✓ 콩이 있거나 없는 칠리 요리법
- ✓ 전통적인 즐겨 찾기에 대한 독특한 트위스트
- ✓ 완벽한 칠리 요리 기술을 위한 팁
- ✓ 칠리의 역사와 문화에 대한 정보
- ✓ 요리마다 군침 도는 사진

그리고 훨씬 더! 따라서 저녁 식사 손님에게 깊은 인상을 남기고 싶든 단순히 푸짐하고 매운 음식을 즐기고 싶든 이 요리책은 당신을 위한 것입니다.

1.   화이트 칠리

재료:

- 코코넛 오일 1 큰술
- 다진 중간 양파 1 개
- 다진 마늘 3 쪽
- 다진 녹색 칠리 페퍼 통조림 1(4 온스)
- 얇게 썬 버섯 8 온스
- 간 커민 2 작은술
- 말린 오레가노 1 티스푼
- 닭뼈 육수 4 컵(2 팩)
- 잘게 썬 익힌 칠면조 4 컵
- 2(15 온스) 통조림 흰콩(그레이트 노던, 카넬리니 또는 병아리콩)
- 잘게 썬 몬테레이 잭 치즈 1 컵
- 장식용 신선한 파슬리 잎

지침:

a) 큰 냄비에 기름을 중불로 가열합니다.

b) 양파와 마늘을 추가합니다. 향이 날 때까지 천천히 요리하십시오.

c) 녹색 칠레 고추, 버섯, 커민, 오레가노를 섞습니다. 계속 요리하고 혼합물이 부드러워질 때까지 약 3 분 동안 저어줍니다.

d) 뼈 국물, 칠면조 및 흰 콩을 추가하십시오. 가끔 저어주면서 15 분간 끓입니다.

e) 칠리를 요리하십시오. 치즈를 넣고 파슬리 잎으로 장식합니다. 즐기다!

2. 원팟 터키 칠리 맥

재료

- 코코넛 오일 1 큰술
- 갈은 칠면조 1 파운드
- 코셔 소금 ½ 티스푼
- 다진 양파 ¼ 컵
- 다진 셀러리 2 줄기
- 다진 피망 ½ 컵
- 닭뼈 육수 4 컵(2 팩)
- 1(16 온스) 병 중간 두께의 두툼한 살사
- 1(15-16oz) 나트륨을 줄인 붉은 강낭콩 통조림
- 1(1.25 온스) 패킷 칠리 시즈닝 믹스
- 8 온스 엘보 마카로니
- 다진 체다 치즈 2 온스
- 무염 토마토 소스 캔 1(8 온스)
- 장식용 파슬리 잎

지침

a) 중간 높이 이상의 큰 냄비에 기름을 가열합니다. 다진 칠면조를 팬에 넣고 소금으로 간을 합니다. 주걱으로 고기를 부숴주면서 3-4 분간 조리합니다.

b) 양파, 셀러리, 피망을 넣고 젓고 칠면조가 완전히 익을 때까지 2 분 더 조리합니다. 국물, 살사, 콩 및 양념 믹스를 추가합니다. 종기에 가져다.

c) 파스타를 저어주세요. 가끔 저어주면서 8 분 동안 요리합니다. 그 동안 치즈를 작은 압방체로 자릅니다. 토마토 소스를 넣고 1 분간 더 끓인다. 치즈와 파슬리와 함께 칠리를 제공하십시오

3.   왕성한 호박 칠리

구성 4 인분

재료

- 기름 2 큰술
- 다진 큰 양파 1 개
- 콩 15 온스 캔
- 마늘 2 쪽
- 통옥수수 통조림 통조림 15 온스, 물기를 빼고 헹구기
- 칠리 파우더 1 큰술
- 깍둑썰기한 토마토 15 온스 캔, 주스 포함
- 간 커민 1 티스푼
- 호박 퓨레 15 온스 캔
- 후추 ½작은술
- 물 또는 육수 1 ½ 컵
- 소금 1 티스푼

지참

a) 소쿠리에 콩과 옥수수를 헹구고 물기를 뺍니다.

b) 중간 정도 높은 열에 큰 냄비에 기름을 가열합니다. 양파를 추가합니다.

c) 부드러워질 때까지 자주 저어가며 요리합니다.

d) 마늘을 넣으십시오. 계속 저어주면서 1 분 동안 조리합니다.

e) 토마토와 토마토 주스, 호박, 물, 칠리 파우더, 커민, 마늘/양파 파우더, 소금, 후추를 추가합니다. 종기에 가져다. 열을 낮추십시오. 콩과 옥수수를 추가합니다.

f) 뚜껑을 덮고 15-20 분 동안 저어가며 요리합니다.

4.   베니 슨 칠리

재료

- ½파운드 핀토 또는 팥
- 4 파운드 굵게 다진 사슴고기(목, 옆구리, 접시, 양지머리, 원형, 뒷다리, 정강이) 1½ t. 커민 씨
- ½c. 줄리엔 스트립으로 자른 다진 소트 또는 sowbelly
- 적당한 크기의 양파 6 개, 다진 것
- 다진 마늘 2-4 쪽
- 1t. 오레가노
- 3T. 생고추가루
- 큰 통조림 이탈리아산 껍질을 벗긴 토마토 1 개
- 작은 통조림 청고추 1 개
- 소금과 후추
- 타바스코 소스 약간(옵션)
- 2T. 인스턴트 마사 하리나 또는 폴렌타

지침

a)   콩을 씻고 신선한 찬물로 덮고 끓인 다음 2 분 동안 끓입니다. 단단히 덮고 1 시간 동안 그대로 두십시오. 1 안치 입방체로 잘라 고기를 준비합니다(무지방인 경우 스튜로 자른 것이 가장 좋습니다).

b)   프라이팬에 커민 씨를 넣고 중불로 가열한 다음 연기가 나고 토스트 색이 될 때까지 계속 움직입니다. 그런 다음 평평한 표면에 펴고 롤링핀으로 부수십시오. 이제 큰 프라이팬에서 수트 또는 sowbelly 를 녹입니다. 팬 바닥을 코팅하기 위해 충분한 식물성 기름이나 다른 쇼트닝을 대처할 수 있지만 고기 맛을 잃게 됩니다.

c)   지방이 끓거나 지글지글 끓기 시작하면 한 번에 몇 개씩 고기 조각을 추가하고 굽고 큐브를 돌려 모든 면을 밀봉합니다.

d)   불을 낮추고 양파와 마늘을 넣고 양파가 반투명해질 때까지 가끔 저어줍니다. 마른 커민 씨, 오레가노 및 얻을 수 있는 가장 신선한 칠리 파우더를 추가하십시오. 양념으로 고기를 코팅하고 토마토와 청고추를 넣고 끓는점까지 가져온 다음 불을 줄여 끓입니다.

e)   불린 콩을 다시 끓여서 부드러워질 때까지 거의 눈에 띄지 않게 거품이 생기도록 합니다. 콩에 따라 30 분에서 1 시간 정도 걸립니다.

f)   그동안 고기 혼합물이 너무 건조해지지 않았는지 확인하고 물이나 육수를 필요에 따라 추가하여 약간 유동적인 일관성을 유지합니다. 필요한 경우 소금과 후추를 추가하고 입맛에 따라 타바스코를 약간 첨가하여 조미료를 맛보십시오.

g)   약 1 시간 30 분 후(시간은 사슴 고기의 질과 완성에 따라 다름) 고기를 시식합니다. 부드러운 경우 여분의 기름을 걷어내거나 밤새 냉장 보관하여 쉽게 제거할 수 있도록 지방을 응고시킵니다. 농축을 위해 masa harina 를 추가합니다.

h)   그런 다음 칠리와 익힌 콩을 섞고 끓는점으로 되돌려 풍미가 섞이도록 30 분 더 둡니다.

5. 폴렌타를 얹은 칠면조 칠리 파이

만든다: 8

재료

- 카놀라유 6 큰술
- 다목적 밀가루 ¾ 컵
- 베이킹 파우더 2 작은술
- 달걀 1 개
- 다진 양파 1 개
- 고운 폴렌타 ¾ 컵
- 다진 마늘 2 쪽
- 코셔 소금 1½ 작은술
- 요리 용 스프레이
- 불에 구운 토마토 2 캔(14.5 온스), 물기 제거
- 살코기 갈은 칠면조 1½ 파운드
- 잘게 썬 샤프 체다 치즈 4 온스
- 무염 치킨 스톡 1 컵
- 칠리 파우더 2 큰술
- 신선한 실란트로 잎
- 물기를 빼고 헹군 검은콩 15 온스 캔
- 2% 저지방 우유 ¾ 컵

지참

a) 프라이팬에 기름 2 큰술을 가열합니다.

b) 칠면조와 양파를 넣고 갈색이 될 때까지 약 7 분간 볶습니다.

c) 마늘, 고춧가루, 소금 1 작은술을 넣고 약 1 분 동안 끓입니다.

d) 쿠킹 스프레이를 뿌린 Crockpot 으로 옮깁니다.

e) 토마토, 육수, 콩을 잘 섞일 때까지 섞습니다.

f) 베이킹 파우더, 밀가루, 폴렌타, 남은 소금을 체로 치십시오.

g) 달걀, 우유, 치즈, 남은 카놀라유를 넣고 반죽을 만든다.

h) 슬로우 쿠커의 칠면조 혼합물 위에 폴렌타 반죽을 붓습니다. 4 시간 30 분 동안 끓인다.

6.   칠리 고구마 그라탕

구성 6 인분

재료:

- 순한 엔칠라다 소스 2 캔(10 온스)(2 컵)
- 물 1 컵
- 마늘 큰 것 2 개
- 정향, 다진 및 으깬 페이스트
- 큰 고구마 5 개, (약 3 1/2 파운드)
- 거칠게 간 몬테레이 잭 치즈 1⅓ 컵, (약 6 온스)

지침:

a) 오븐을 375F 로 예열합니다. 큰 냄비에 엔칠라다 소스, 물, 마늘과 소금을 넣고 가끔 저으면서 5 분간 끓입니다.

b) 감자 껍질을 벗기고 가로로 ⅛인치 두께로 자릅니다. 3 쿼트 그라탕 또는 얕은 베이킹 접시에 감자 1/4 을 동심원으로 놓고 약간 겹치게 하고 ⅓컵 치즈를 뿌립니다. 남은 감자와 치즈를 같은 방식으로 계속 쌓고 치즈로 마무리합니다.

c) 소스를 감자 위에 천천히 붓고 층 사이로 스며들게 한 다음 얕은 베이킹 팬(거품이 넘칠 수 있음)에 그라탕 세트를 오븐 중간에 1 시간 동안 또는 감자가 부드러워질 때까지 굽습니다.

d) 그라탕은 2 일 전에 만들어 차갑게 덮을 수 있습니다.

e) 뚜껑을 덮은 그라탕을 오븐에서 재가열합니다.

7.   타코 견과 고기를 곁들인 토마토 칠리

구성 4 인분

재료

씨를 제거하고 다진 토마토 3 컵

씨를 제거하고 다진 혼합 빨강 및 녹색 피망 1 컵

다진 셀러리 ¼컵

다진 노란 양파 ¼컵

다진 버섯 1/3 컵(모든 종류)

옥수수 알갱이 1/3 컵

다진마늘 1 티스푼

칠리 가루 2 작은술

간 커민 1 티스푼

말린 오레가노 ¾작은술

바다 소금 ¼작은술

1 가지 레시피 타코 견과 고기

지침

모든 재료를 믹싱볼에 넣고 잘 섞는다. 혼합물의 1/3 을 고속 블렌더와 퓌레로 옮깁니다. 퓌레를 다시 믹싱 볼에 넣습니다.

서빙하려면 서빙 그릇 4 개로 나눕니다. 각 부분에 타코 넛 미트를 얹고 즐기세요.

8.   콩과 치킨 칠리

만든다: 8-10

재료

- 뼈와 껍질을 제거한 1 파운드 닭가슴살
- 올리브 오일(엑스트라 버진) 2 큰술
- 중간 크기로 썬 양파 1 개
- 마늘 2 쪽
- 물기를 빼고 헹군 남색 콩 2 캔(각각 15 온스)
- 신선 또는 냉동 옥수수 알갱이 1 컵
- 1 4 온스는 청고추를 다질 수 있습니다.
- 카이엔 고추 ⅛ 작은술
- 물 3 컵
- 몬테레이 잭 치즈 강판 2 컵
- 다진 신선한 고수 2 큰술
- 칠리 파우더 2 티스푼
- 간 커민 2 작은술

지침

a) 소금과 후추로 닭고기를 문지릅니다.

b) 센 불로 프라이팬에 기름을 데운 다음 닭고기 조각을 넣고 노릇노릇해질 때까지 저어가며 요리합니다.

c) 불을 줄이고 양파와 마늘을 넣고 볶는다.

d) 가끔 저어주면서 5-6 분 동안 또는 양파가 반투명해질 때까지 요리합니다.

e) 콩, 옥수수, 후추, 향신료, 물을 넣습니다.

f) 끓으면 불을 줄이고 뚜껑을 덮지 않은 채 1 시간 동안 조리합니다.

g) 한 숟가락의 치즈와 약간의 실란트로를 뿌립니다.

9.   <u>야생 쌀과 칠리 딥</u>

분량: 4~6 인분

재료

- 조리된 렌즈콩 12 온스
- 효모가 없는 야채 국물 1/4 컵
- 다진 녹색 피망 1/4 컵
- 다진 마늘 1/2 쪽
- 다진 토마토 1 컵
- 다진 양파 1/4 컵
- 크림치즈 2 온스
- 칠리 파우더 1/2 큰술
- 커민 1/2 작은술
- 바다 소금 1/4 티스푼
- 대쉬 파프리카
- 익힌 야생 쌀 1/2 컵

지침

a) 작은 소스 팬에 렌틸콩과 야채 육수를 끓입니다.

b) 양파, 피망, 마늘, 토마토를 넣고 중불에서 8 분간 끓입니다.

c) 믹서기에 크림 치즈, 칠리 파우더, 커민, 바다 소금을 부드러워질 때까지 섞습니다.

d) 밥, 크림치즈 블렌드, 렌즈콩 야채 믹스를 큰 믹싱 볼에 넣고 잘 섞습니다.

10. 칠리 콘 카르네

재료:

- 간/다진 쇠고기 500g
- 다진 큰 양파 1 개
- 마늘 3 쪽
- 다진 토마토 통조림 2 개 400g
- 토마토 퓨레 짜기
- 칠리 파우더 1 티스푼(또는 입맛에 맞게)
- 커민 가루 1 티스푼
- 우스터 소스의 대시
- 소금과 후추를 뿌린다
- 다진 고추 1 개
- 물기를 뺀 강낭콩 1 통 400g

지침

a) 기름을 두른 팬에 양파를 거의 갈색이 될 때까지 볶은 다음 다진 마늘을 넣습니다.

b) 다진 고기를 넣고 갈색이 될 때까지 저어줍니다. 원하는 경우 과도한 지방을 배출하십시오.

c) 말린 향신료와 양념을 모두 넣은 다음 불을 줄이고 다진 토마토를 넣습니다.

d) 잘 저은 후 토마토 퓨레와 우스터셔 소스를 넣고 약 1 시간 동안 끓입니다(바쁠 때는 덜 끓입니다).

e) 다진 홍고추를 넣고 5 분간 끓이다가 물기를 뺀 강낭콩 통조림을 넣고 5 분간 더 끓인다.

f) 쌀, 재킷 감자 또는 파스타와 함께 제공하십시오

11. 자메이카 스쿼시 수프

만든다4

재료

- 껍질을 벗기고 다진 큰 양파 1 개
- 껍질을 벗기고 다진 당근 1 개
- 할라피뇨 1 개, 후추, 씨를 제거하고 잘게 다진 것
- 버터 3 큰술
- 간 커민 2 작은술
- 고수 가루 2 작은술
- 계피 가루 ½작은술
- 카이엔 고추 ½작은술
- 칠리 파우더 ½작은술
- 껍질을 벗기고 깍둑썰기한 대형 스파게티 스쿼시 1 개
- 야채를 덮을 치킨스톡, 약 3 컵
- 오렌지 1 개의 주스
- 라임 1 개 즙

안초 크림

- 2~3 개의 안초 고추를 반으로 자르고 꼭지를 제거하고 씨를 제거합니다.
- 아몬드 우유 6 큰술
- 사워크림 4 큰술
- 소금
- 후추
- 취향에 따라 라임 주스

지참

a) 크고 무거운 냄비에 양파, 당근, 할라피뇨 고추를 버터에 넣고 부드러워질 때까지 볶습니다.

b) 커민, 고수, 계피, 카이엔 및 칠리 파우더를 추가합니다.

c) 약한 불에서 2 분 더 끓인다

d) 스쿼시 추가

e) 육수, 오렌지 1 개의 주스, 라임 주스로 혼합물을 덮습니다. 스쿼시가 부드러워질 때까지 약 30 분 동안 끓입니다.

f) 냉각 허용

g) 프로세서에서 혼합물을 퓨레로 만들거나 혼합기를 사용하십시오.

h) 수프를 팬에 다시 넣고 소금과 후추로 간을 합니다.

i) 필요에 따라 재가열하고 양념을 조절하세요.

j) 안초 크림의 소용돌이

k) 약간의 헤비 크림으로 희석한 사워 크림으로 장식합니다.

l) 수프 그릇의 중앙에 가볍게 두드리고 아쑤시개를 사용하여 중앙에서 바깥쪽으로 드래그하여 별 또는 거미줄을 만듭니다.

12.   라그니아페 칠리

만들다: 40 인분

재료

- 말린 핀토콩 1 파운드
- 물 또는 쇠고기 육수 6 쿼트
- 월계수잎 2 장
- 말린 토마토 3 온스
- 세이지 1 큰술
- 오레가노 1 티스푼
- 카이엔 가루 3 티스푼
- 흑겨자씨 1 큰술, 구운 것
- 커민 씨 1 큰술, 구운 것
- 우스터셔 소스 ½컵
- 누옥맘 ½컵
- 후추 ¼컵
- ¼ 컵 뜨거운 파프리카
- 커민 가루 ¼컵
- 4 큰 Chipotle 고추, 조각으로 찢어진
- 큰 할라피뇨 고추 2 개, 다진 것
- 신선한 토마토 2 파운드, 다진 것
- 껍질을 벗긴 토마토 1 캔(28 온스), 다진 것
- 토마토 페이스트 12 온스
- 2 머리 마늘, 누르면
- 큰 노란 양파 2 개, 다진 것
- 카놀라유 4 큰술

- 킬바사 1 파운드
- 갈은 소고기 3 파운드
- 말린 새우 2 큰술
- 훈제 굴 1 컵
- 꿀 ¼컵
- 맛볼 소금

지참

a) 핀토콩을 밤새 담가둡니다. 다음날 아침에 콩의 물기를 빼고 떠 있는 콩은 버립니다.

b) 물이나 비프 스톡을 데우고 핀토를 추가합니다. 천천히 끓이다가 불을 줄이고 월계수 잎을 넣고 2 시간 동안 끓입니다. 콩이 끓는 동안 작은 마른 프라이팬에 커민 씨 1 큰술과 흑겨자 씨 1 큰술을 넣습니다. 불을 강하게 켜고 씨앗이 *그냥* 터지기 시작할 때까지 계속 저어가며 요리합니다. 열에서 즉시 제거하고 절구와 막자 또는 푸드 프로세서에서 부수십시오. 예약하다.

c) 다음으로 콩에 마른 향신료, 토마토, 치폴레 고추를 모두 넣습니다. 잘 저어. 우스터셔 소스와 느억맘을 넣고 저어줍니다. 큰 프라이팬에 기름 4 큰술을 두르고 양파와 할라피뇨 고추를 다지고 양파가 투명해질 때까지 중불에서 볶는다. 칠리 냄비에 넣고 저어주세요. 프라이팬에 갈색인 칼바사 1 파운드를 썰어 칠리에 넣습니다. 이제 같은 소고기 3 파운드를 갈색으로 만들고 주걱으로 한 입 크기로 자릅니다. 열에서 제거하고 배수하고 고추에 추가하십시오.

d) 이제 마늘 머리 두 개(약 25 쪽)를 칠리에 넣습니다. 말린 새우와 훈제 굴을 넣습니다. 약동하고 끓여서 중불로 줄이고 뚜껑을 덮고 1~2 시간 더 익혀 가끔 저어줍니다. 서빙하기 약 15 분 전에 꿀 1/4 컵을 넣고 젓고 소금으로 맛을 냅니다. 열에서 제거하고 봉사하십시오.

13.   궁고 완두콩 수프

재료

- 말린 건고 또는 비둘기 완두콩 400g(2 컵)
- 훈제햄 호크 1 개
- 큰 조각으로 자른 중간 양파 2 개
- 큰 조각으로 자른 당근 2 개
- 1 줄기 셀러리, 잎
- 씨를 제거하고 다진 스카치 보닛 또는 할라피뇨 고추 2 개
- 다진 마늘 1 쪽
- 월계수잎 1 장
- 으깬 신선한 로즈마리 잎 1 티스푼 또는 으깬 말린 로즈마리 ¼ 티스푼
- 스피너 1 인분

지침

a) 스피너 준비

b) 완두콩을 씻어 그릇에 담습니다. 잠길만큼 물을 붓고 밤새 담가둡니다. 배수하고 따로 보관하십시오.

c) 육수 냄비에 물 6 컵을 넣고 족발, 양파, 당근, 셀러리, 칠리, 마늘, 월계수 잎, 로즈마리를 넣습니다. 끓여서 열을 약하게 줄이고 45 분 동안 끓입니다. 육수를 걸러내고 뒷다리 햄은 남겨두고 야채는 버립니다. 육수에서 지방을 걷어냅니다.

d) 육수와 족발을 불린 완두콩과 함께 육수 냄비에 다시 넣습니다. 완두콩이 부드러워질 때까지 약 2 시간 동안 약한 불로 끓입니다. 홈이 있는 스푼으로 수프에서 완두콩의 절반을 제거하고 푸드 프로세서에서 푸레로 만듭니다.

e) 퓨레를 수프에 다시 넣습니다.

f) 준비된 스피너를 수프에 넣고 가열합니다.

14. <u>옥수수와 새우 수프</u>

8 인분

재료:

- 껍질에 머리가 있는 2 파운드 중간 새우
- 옥수수 8 개
- 1 스틱 버터
- 다목적 밀가루 ½컵
- 다진 큰 양파 1 개
- 다진 파 3 개, 흰색 부분과 녹색 부분 분리
- 다진 녹색 피망 1 개
- 다진 셀러리 줄기 2 개
- 다진마늘 1 티스푼
- 1(10 온스) 캔 오리지널 Ro-Tel 토마토와 청고추
- 소금, 갓 갈은 후추, 크리올 시즈닝
- 헤비 크림 ½파인트
- 다진 납작 잎 파슬리 2 큰술

지침:

a) 새우의 머리를 제거하고 껍질을 벗기고 내장을 제거하여 머리와 껍질을 큰 냄비에 넣습니다. 새우를 냉장고에 따로 보관하십시오.

b) 매우 날카로운 칼을 사용하여 옥수수 속대의 알갱이를 매우 큰 그릇으로 자릅니다. 무딘 식탁용 칼을 사용하여 속을 긁어 옥수수 즙을 모두 그릇에 넣습니다. 따로.

c) 새우 껍질을 벗긴 냄비에 옥수수 속대를 넣습니다. 껍질과 속이 잠길 만큼 물을 붓고 끓입니다. 불을 중불로 줄이고 뚜껑을 덮지 않은 채 30 분 동안 끓입니다. 약간 식으면 육수를 큰 계량컵에 걸러내고 껍질과

속을 버립니다. 8 컵의 스톡이 있어야 합니다. 그렇지 않은 경우 8 컵의 액체를 만들기에 충분한 물을 추가합니다.

d) 크고 무거운 냄비에 버터를 중불로 녹입니다. 밀가루를 넣고 루가 버터스카치 색으로 변할 때까지 계속 저어가며 요리합니다.

e) 양파, 파 흰 부분, 피망, 셀러리, 마늘을 넣고 양파가 투명해질 때까지 끓입니다. 토마토를 넣고 서서히 저어줍니다. 소금, 후추, 크리올 시즈닝으로 간을 하고 뚜껑을 덮고 약 15 분 동안 끓입니다. 옥수수를 넣고 10 분 더 끓인다. 새우를 넣고 분홍색이 될 때까지 약 2 분간 조리합니다. 크림, 파 윗부분, 파슬리를 추가합니다. 서빙할 준비가 되면 부드럽게 가열합니다. 끓이지 마십시오.

15. <u>브런즈윅 스튜</u>

8~10 인분

재료

- 닭육수 6 컵
- 슬로우 쿠커 BBQ 풀드 포크 2 컵
- 익힌 다진 닭고기 2 컵
- 얼거나 말린 리마콩 2 컵
- 껍질을 벗기고 다진 중간 크기의 적갈색 감자 3 개
- 1(14 온스) 토마토 주스에 토마토 깍둑썰기 가능
- 다진 큰 붉은 양파 1 개
- 냉동 완두콩과 당근 1½컵
- 냉동 오크라 1½ 컵
- 냉동 옥수수 1 컵
- 히코리 바비큐 소스 1 컵
- 다진 마늘 3 쪽
- 우스터셔 소스 2 큰술
- 시즈닝 소금 2½작은술
- 간 후추 1 티스푼
- 간 커민 ½작은술

지침

a) 6 쿼트 슬로우 쿠커에 모든 재료를 추가합니다. 모든 것이 잘 섞일 때까지 저어줍니다. 슬로우 쿠커의 뚜껑을 덮고 불을 약하게 설정합니다.

b) 5 시간 동안 요리한 후 서빙합니다. 남은 음식은 밀폐 용기에 담아 냉장고에 최대 5 일 동안 보관할 수 있습니다.

16. <u>콩국수</u>

만든다: 4

재료:

- 닭고기 2 컵, 익힌 후 깍뚝썰기
- 익힌 장립종 쌀 1 컵
- 물기를 제거한 핀토 콩 15 온스 캔 2 개
- 치킨스톡 4 컵
- 타코 시즈닝 믹스 2 큰술
- 1 컵 토마토 소스

토핑

- 강판 치즈
- 살사
- 다진 고수
- 다진 양파

지침

a) 모든 재료를 중간 냄비에 넣습니다. 부드럽게 저어주세요.

b) 가끔 저어주면서 약 20 분 동안 중불에서 끓입니다.

c) 토핑과 함께 제공합니다.

17. <u>국밥</u>

만든다: 4

재료
- 큰 셀러리 줄기 4 개
- 큰 당근 3 개
- 중간 크기 흰 양파 1 개
- 말린 타임 1 티스푼
- 말린 파슬리 1 티스푼
- 마늘 가루 1 티스푼
- 소금 1 티스푼
- 세이지 가루 ½작은술
- 코코넛 아미노 1 큰술
- 야채육수 4 컵
- 물 2 컵
- 긴 곡물 흰 쌀 2/3 컵
- 핀토 콩 1 캔(15 온스 캔)

지침
a) 채소를 한 입 크기로 깍둑썰기하거나 잘게 썬다.

b) 스토브에 큰 냄비를 넣고 중불을 켭니다. 냄비 바닥에 아보카도 오일이나 올리브 오일 스프레이를 뿌립니다. 야채를 추가합니다.

c) 야채를 3~4 분 익혀주세요

d) 3~4 분 후 향신료, 월계수 잎 코코넛 아미노를 첨가합니다. 1~2 분 더 저어가며 익힌다.

e) 채소가 익는 동안 쌀을 잘 헹굽니다.

f) 야채 국물 ½컵을 넣고 냄비 바닥/측면을 긁어 바닥에서 갈색 조각을 제거합니다.

g) 냄비에 나머지 국물, 물, 쌀을 넣습니다. 약동하고 덮으십시오. 열을 최고로 올리십시오.

h) 국물이 끓어오르면 약불로 줄이고 15 분간 끓인다.

i) 국물이 끓는 동안 콩을 헹구고 물기를 뺍니다. 그리고 수프에 추가하십시오.

j) 서빙 직전에 월계수 잎을 제거합니다. 뜨겁게 서빙하십시오.

18. <u>구운 야채 검보 크리올</u>

분량: 10 인분

재료

신선한 오크라 1 파운드, diag. 슬라이스

냉동 슬라이스 오크라 2 팩(10oz)

끓는 소금물

1 갈비 셀러리, 대각선으로 슬라이스

피망 2 개

냉동 리마콩 2 팩(10oz)

8 개의 신선한 옥수수 알갱이

냉동 옥수수 2 팩, 해동(10oz)

버터 또는 마가린

빵 부스러기

다진 작은 양파 1 개

잘 익은 토마토 4 개

얇게 썬 세라노 고추 2 개

다진 신선한 바질 1 작은술

½ 작은술 말린 바질, 부순 것

맛볼 소금

맛볼 후추

잘게 썬 몬테레이 잭 ½컵

지침

a) 끓는 소금물에 신선한 오크라를 잠깐 익히십시오. 물을 빼다.

b) 끓는 소금물에 셀러리를 더친다.

c) 피망과 리마콩을 넣고 부드러워질 때까지 요리합니다. 마지막 30 초 동안 옥수수를 넣고(과도하게 익히지 말 것) 야채의 물기를 뺍니다.

d) 큰 베이킹 접시에 버터를 바르고 빵가루를 뿌립니다. 옥수수 콩 혼합물과 오크라 층을 추가하십시오.

e) 양파, 토마토, 바질을 결합하십시오. 접시의 바닥 층 위에 양파 토마토 혼합물의 숟가락 층.

f) 고추를 뿌리고 소금과 후추로 간을 합니다.

g) 버터를 바르고 빵가루를 뿌린다.

h) 캐서롤이 채워질 때까지 레이어링을 반복합니다.

i) 부스러기에 담고 버터에 살짝 볶은 오크라 층을 얹습니다. 원하는 경우 잘게 썬 치즈를 골고루 뿌립니다.

j) 예열된 300'에서 1 시간 동안 뚜껑을 덮지 않고 굽습니다.

19.   팥 잠발라야

4 인분

재료

- 올리브 오일 1 큰술
- 다진 중간 크기의 노란 양파 1 개
- 다진 셀러리 갈비 2 개
- 다진 중간 녹색 피망 1 개
- 다진 마늘 3 쪽
- 장립종 쌀 1 컵
- 조리된 3 컵 또는 2(15.5 온스) 캔의 진한 붉은 강낭콩
- 1(14.5 온스) 통조림으로 자른 토마토, 물기 제거
- (14.5 온스) 통조림 토마토
- (4 온스) 물기를 뺀 순한 녹색 고추 통조림
- 말린 타임 1 티스푼
- 말린 마조람 1/2 티스푼
- 소금 1 티스푼
- 갓 간 후추
- 야채 육수 2½컵
- 장식용 다진 신선한 파슬리 1 큰술
- 타바스코 소스(옵션)

지침

a) 큰 냄비에 기름을 중불로 가열합니다. 양파, 셀러리, 피망, 마늘을 넣습니다. 뚜껑을 덮고 부드러워질 때까지 약 7 분간 조리합니다.

b) 쌀, 콩, 잘게 썬 토마토, 으깬 토마토, 고추, 백리향, 마요라나, 소금, 후추를 넣고 저어 맛을 봅니다. 육수를 넣고 뚜껑을 덮고 야채가 부드러워지고 밥이 부드러워질 때까지 약 45 분간 끓입니다.

c) 사용하는 경우 파슬리와 타바스코를 뿌린 후 제공합니다.

20.   팥과 밥

재료

- 말린 강낭콩 1 파운드
- 식물성 기름 2 큰술
- 다진 큰 양파 1 개
- 다진 파 1 단, 흰색 부분과 녹색 부분 분리
- 다진 녹색 피망 1 개
- 다진 셀러리 줄기 2 개
- 다진 마늘 4 쪽
- 물 6 컵
- 월계수 잎 3 장
- 말린 타임 ½ 작은술
- 크리올 시즈닝 1 티스푼
- 약간의 햄이 있는 햄 뼈 1 개, 바람직하게는 햄 호크 2 개 또는 ½ 파운드 햄 덩어리
- 취향에 따라 소금과 갓 간 후추
- 1 파운드의 훈제 소시지, ½ 인치 두께의 원형으로 자른 것
- 잘게 썬 납작한 파슬리 2 큰술, 서빙용으로 더 추가
- 장립 백미 요리, 서빙용

지침

a) 콩을 큰 냄비에 넣고 물을 부어 밤새 담가 물기를 뺍니다.

b) 크고 무거운 냄비에 기름을 두르고 양파, 파의 흰 부분, 피망, 셀러리, 마늘을 볶습니다.

c) 큰 프라이팬에 소시지를 갈색으로 굽습니다. 따로.

d) 냄비에 콩, 물, 월계수 잎, 타임, 크리올 시즈닝, 햄을 넣고 끓입니다. 불을 줄이고 뚜껑을 덮고 가끔 저어주면서 2 시간 동안 끓입니다. 요리가 완료되기 30 분 전에 소시지를 추가합니다.

e) 월계수 잎을 제거하고 파슬리를 넣고 저어 밥과 함께 그릇에 담습니다. 원하는 경우 더 많은 파슬리를 그릇에 뿌립니다.

21. <u>인스턴트팟 콩 & 버섯 검보</u>

만든다: 4

재료

- 다진 마늘 3 쪽
- 얇게 썬 버섯 1 컵
- 하룻밤 불린 강낭콩 1 컵
- 다진 피망 1 개
- 타마리 소스 2 큰술
- 얇게 썬 중간 호박 2 개
- 야채 육수 2 컵

지침

a) 인스턴트 팟에 모든 재료를 넣고 잘 저어줍니다.

b) 냄비뚜껑을 닫고 중불에서 8 분간 악힌 후,

c) 10 분 동안 자연적으로 압력을 해제한 다음 신속 해제 방법을 사용하여 해제합니다.

d) 잘 저어 서빙하십시오.

22. 검보 Z'Herbes

6 인분

- 올리브 오일 1/4 컵
- 다진 중간 양파 1 개
- 다진 중간 녹색 피망 1 개
- 다진 셀러리 갈비 1 개
- 다진 마늘 3 쪽
- 다목적 밀가루 1/4 컵
- 1(14.5 온스) 통조림으로 자른 토마토, 물기 제거
- 말린 마요라나 1 티스푼
- 간 카이엔 1/4 작은술
- 야채육수 7 컵
- 줄기를 제거한 다진 신선한 시금치 4 컵
- 다진 줄기 케일 4 컵
- 질긴 줄기를 제거하고 다진 중간 크기의 물냉이 다발 2 개
- 중간 크기 차커리 다발 1 개
- 소금과 갓 간 후추
- 익힌 1½컵 또는 짙은 붉은 강낭콩 1 컵(15.5 온스)을 물기를 빼고 헹굽니다.
- 타바스코 소스 1 티스푼, 취향에 따라
- 검보 필레 가루 1/2 티스푼(선택 사항)
- 뜨거운 요리 긴 곡물 흰 쌀 3 컵

a) 큰 수프 냄비에 기름을 중불로 가열합니다. 양파, 피망, 셀러리, 마늘을 넣습니다. 뚜껑을 덮고 부드러워질 때까지 약 10 분간 조리합니다.

b) 밀가루를 넣고 약 10 분 동안 밀가루가 갈색으로 어두워질 때까지 계속 저어가며 요리합니다. 토마토, 마요라나, 카이엔, 국물을 저어 끓입니다.

c) 시금치, 케일, 물냉이, 치커리를 넣습니다. 불을 약하게 줄이고 소금과 후추로 간을 한 다음 가끔 저어주면서 야채가 부드러워질 때까지 약 20 분간 끓입니다.

d) 콩, 파슬리, 타바스코를 넣고 10 분 더 끓입니다.

e) 팔레 가루를 원하는 경우 저어주고 불에서 내립니다.

f) 얕은 수프 그릇에 쌀 1/2 컵을 숟가락으로 담고 국자에 검보를 올려서 제공합니다.

23. 콩곡물찜

만든다: 12

재료:

- 올리브 오일 2 큰술
- 다진 샬롯 2 개
- 다진 큰 노란 양파 1 개
- 곱게 간 신선한 생강 1 큰술
- 다진 마늘 8 쪽
- 간 커민 1 티스푼
- 고춧가루 3 큰술
- 소금
- 후추
- 으깬 토마토 28 온스 캔
- 잘게 썬 치폴레 고추 통조림 1 개
- 씨를 제거하고 다진 세라노 고추 1 개
- 다진 파 3 개
- ⅔ 컵 불거
- ⅔ 컵 진주 보리
- 2¼ 컵 혼합 렌틸콩, 헹구기
- 병아리콩 통조림 1½컵

지침:

a) 프라이팬에 기름을 두르고 센 불로 달군 후 샬롯과 양파를 4~5 분간 볶습니다.

b) 생강, 마늘, 커민, 칠리 파우더와 함께 1 분간 볶습니다.

c) 토마토, 고추 및 국물과 결합하십시오.

d) 대파를 제외한 재료를 끓입니다.

e) 약한 불로 줄이고 35~45 분 동안 또는 원하는 두께가 될 때까지 조리합니다.

f) 뜨겁게 제공하고 파를 뿌립니다.

24. 팥과 불거 칠리

4 인분

- 올리브 오일 2 큰술
- 잘게 썬 중간 크기의 붉은 양파 1 개
- 잘게 썬 중간 크기의 붉은 피망 1 개
- 다진 마늘 3 쪽
- 칠리 파우더 2 큰술
- 말린 오레가노 1/2 티스푼
- 1(14.5 온스) 통조림으로 자른 토마토, 물기 제거
- 토마토 살사 2 컵
- 익힌 3 컵 또는 짙은 붉은 강낭콩 2 캔(15.5 온스), 헹구고 물기 제거
- 물 1 컵
- 불거 1 컵
- 1(4 온스) 통조림으로 만든 순한 청고추 통조림

큰 냄비에 기름을 중불로 가열합니다. 양파와 피망을 넣고 뚜껑을 덮고 부드러워질 때까지 약 7 분간 조리합니다.

마늘, 고춧가루, 오레가노를 넣고 젓고 뚜껑을 덮지 않은 채 향이 날 때까지 1 분 동안 조리합니다. 토마토, 살사, 콩, 물 불가르, 고추, 소금을 넣습니다.

bulgur 가 부드러워지고 칠리가 두껍고 풍미가 있을 때까지 약 45 분 동안 뚜껑을 덮고 가끔 저어가며 끓입니다. 즉시 봉사하십시오.

25. 흰 콩 칠면조 소시지 칠리

수율: 6 인분

재료

- 1(1 온스) 패키지 핫 이탈리안 소시지 링크
- 올리브 오일 1 큰술
- 한 입 크기로 자른 칠면조 커틀릿 2 개
- 간 커민 1 큰술
- 마늘 가루 1 ½ 작은술
- 취향에 따라 소금 1 꼬집과 간 후추
- 다진 양파 2 개
- 마늘 8 쪽
- 헹구고 물기를 뺀 흰 강낭콩(카넬리니) 4 캔(15 온스)
- 저염 닭고기 국물 3 캔(10.75 온스)
- 간 커민 1 큰술
- 마늘 가루 1 ½ 작은술
- 다진 할라피뇨 고추 2 개
- 고추 2 개 통 할라피뇨 고추

지도

a) 오븐을 화씨 350 도(섭씨 175 도)로 예열하세요.

b) 소시지를 호일에 싸서 베이킹 시트에 놓고 30 분 동안 굽습니다.

c) 큰 주철 팬에 올리브 오일을 넣고 중불로 가열합니다. 칠면조를 뜨거운 기름에 약 5 분 동안 고르게 갈색이 될 때까지 요리하고 저어줍니다.

d) 커민 1 테이블스푼, 마늘 가루 1 1/2 티스푼, 소금, 후추로 칠면조 간을 합니다. 칠면조에 양파와 마늘을 추가하십시오. 양파가 부드러워질 때까지 5~7 분 동안 계속 요리하고 저어줍니다.

e) 흰강낭콩과 닭육수를 붓는다. 커민 1 큰술과 마늘 가루 1 1/2 작은술로 간을 합니다. 가끔 저어주면서 중불에서 30 분 동안 끓입니다.

f) 원하는 경우 다진 할라피뇨와 전체 할라피뇨 고추를 섞습니다.

g) 오븐에서 소시지를 꺼내 한 입 크기로 잘라줍니다. 소시지를 칠리에 저어주세요

h) 할라피뇨 고추 전체가 부드러워지고 칠리가 걸쭉해질 때까지 약 15 분 더 익힙니다.

26. 검은콩 수프

만들다: 8 인분

재료

- 다진 마늘 4 쪽
- 검은콩 8 온스를 씻어서 밤새 담가둡니다.
- 저염 치킨 스톡 또는 물 7 컵
- 플랫 맥주 ½ 컵
- 다크 럼주 ¾ 컵
- 다진 양파 2 개
- 버터 또는 마가린 2 큰술
- 셀러리 1 컵, 잘게 썬 것
- 씨를 제거하고 다진 녹색 피망 1 개
- 씨를 제거하고 다진 붉은 피망 1 개
- 씨를 빼고 다진 칠리 페퍼 2 개
- 껍질을 벗기고 다진 당근 2 개
- 통조림 으깬 토마토 ½ 컵
- 간 커민 1½ 큰술
- 레드 핫 소스 1 티스푼
- 칠리 가루 ½ 큰술
- 갓 간 후추 ½ 작은술
- 소금 ½ 작은술
- 카이엔 고추 ¼ 작은술
- 다진 신선한 고수 1 큰술

지침

a) 검은콩의 물기를 빼고 육수, 맥주, 럼주, 마늘, 양파 반 개를 소스팬에 넣고 섞습니다.

b) 약한 불에서 1 시간 30 분 동안 가끔 저어가며 요리합니다.

c) 끓는 물 2 컵을 넣고 15 분간 끓인다.

d) 푸드 프로세서에서 콩 혼합물을 퓌레로 만듭니다.

e) 다른 팬에 버터를 녹입니다. 셀러리, 고추, 당근과 함께 남은 양파를 넣습니다.

f) 야채를 5~7 분 동안 또는 부드러워지지만 흐물거리지 않을 때까지 볶습니다.

g) 볶은 채소, 으깬 토마토, 퓌레 혼합물, 조미료를 냄비에 넣습니다.

h) 가끔 저어가며 약불에 올려 약 15 분 동안 조리합니다.

i) 사워 크림이나 요구르트 덩어리와 함께 즉시 제공하십시오.

27. 팥죽

만들다: 8 인분

재료

- 다진 양파 1 개
- 다진 셀러리 줄기 2 개
- 다진 세라노 또는 할라피뇨 고추 6 개
- 말린 강낭콩 2 컵
- 소금 돼지고기 ¼파운드
- 1½ 쿼트 물
- 맛에 소금과 후추

지침

a) 슬로우 쿠커에 재료를 결합합니다.

b) 끓으면 불을 낮추고 3 시간 동안 끓인다.

c) 부드러워질 때까지 혼합한 다음 걸러냅니다.

d) 스토브에서 뜨거운 수프를 제공하십시오.

28. 인스턴트 팟 퀴노아 칠리

만든다: 5

재료

- 익히지 않은 퀴노아 1/2 컵
- 칠리 파우더 1 큰술
- 깍뚝썰기한 중간 양파 1 개
- 아도보 소스에 잘게 썬 치폴레 고추 1 개
- 씨를 제거하고 다진 할라피뇨 1 개
- 물기를 빼고 헹군 강낭콩 14 온스
- 다진 마늘 3 쪽
- 토마토 페이스트 2 큰술
- 다진 피망 2 개
- 다진 토마토 28oz
- 오레가노 1 티스푼
- 파프리카 1/2 작은술
- 커민 1 티스푼
- 야채육수 1 컵
- 소금과 후추, 취향껏

지참

a) 양파, 고추, 마늘 향신료 및 기타 구성 요소와 함께 인스턴트 냄비에 재료를 쌓기 시작하십시오. 섞을 필요가 없습니다.

b) 인스턴트 포트의 뚜껑을 밀봉하고 밸브가 "밀폐'로 설정되어 있는지 확인합니다.

c) "압력 조리"를 누르고 최소 5분 동안 타이머를 설정하십시오.
타이머가 작동되면 약 10분 동안 압력이 자연적으로 배출되도록 합니다.
그런 다음 플로트 밸브가 아직 떨어지지 않았다면 조심스럽게 밸브를 퀵
릴리스로 돌려 인스턴트 포트의 압력을 빼십시오.

d) 플로트 밸브가 떨어지면 조심스럽게 뚜껑을 제거할 수 있습니다.

e) 소금, 후추로 간을 하고 바로 드세요. 신선한 고수, 식물성 사워크림,
파를 얹습니다.

29.　칠리 라면 캐서롤

만든다:4

재료

- 라면 3 팩
- 콩을 넣은 칠리 캔 2 개(15 온스)
- 1(15 온스) 통조림 토마토
- 잘게 썬 치즈 4-8 온스

지침

a) 3 쿼트 베이킹 팬에 6C 의 물을 붓습니다. 뚜껑을 덮고 전자레인지에 3~4 분 정도 데워주세요.

b) 롤링 팬을 사용하여 라면을 약간 부수십시오. 캐서롤의 뜨거운 물에 국수를 저어줍니다.

c) 뚜껑을 덮고 전자레인지에 2 분간 익혀주세요. 면을 저어가며 2 분간 더 끓입니다.

d) 캐서롤에서 국수를 남기고 남은 물을 버립니다.

e) 칠리와 함께 토마토를 넣고 잘 저어주세요.

f) 전자레인지에 5 분 더 돌려주세요. 라면 캐서롤 위에 잘게 썬 치즈를 얹습니다.

g) 뚜껑을 덮고 치즈가 녹을 때까지 몇 분 동안 그대로 두십시오.

h) 캐서롤을 따뜻하게 제공하십시오.

i) 즐기다.

30.   모닥불 칠리

재료

- 다진 소고기 1 파운드
- 큰 통조림 강낭콩 1 개
- 통조림 토마토 1 개
- 토마토 퓨레 1 캔
- 원하는 경우 양파와 피망
- 칠리 시즈닝 믹스 1 봉지
- 지피 옥수수 머핀 믹스 1 박스

지침

a) 불 장작이 붉게 빛나면 냄비 크기의 빈 공간 주위에 고리 모양으로 배열합니다.

b) 공간에 무쇠 냄비를 놓고 갈은 소고기, 양파, 고추를 넣습니다. 다진 소고기가 갈색이 될 때까지 요리하고 저어줍니다.

c) 토마토, 토마토 퓨레, 양념 믹스를 추가합니다. 요리 냄비에 뚜껑을 놓고 가열하십시오.

d) 가열하는 동안 포장의 안내문에 따라 머핀 믹스를 준비합니다.

e) 칠리가 뜨거울 때 준비한 머핀 믹스를 칠리 위에 펴 바릅니다.

f) 냄비에 뚜껑을 다시 놓습니다. 뚜껑 위에 숯불을 올리고 옥수수빵 토핑이 완성될 때까지 익혀주세요. 이것이 얼마나 오래 걸릴지는 석탄이 얼마나 뜨거운지에 달려 있습니다. 15~20 분 정도로 짧을 수 있습니다. 또는 더 길 수 있습니다.

g) 불에서 냄비를 제거하고 서빙하십시오.

31. <u>칠리 콘 브레드</u>

분량: 6-8 인분

재료

- 다진 중간 양파 1 개
- 버터 또는 마가린 1 큰술
- 고기와 콩을 넣은 칠리 2 캔(각각 15 온스)
- 물기를 제거한 멕시코식 옥수수 1 캔(11 온스)
- 1 컵 강판 체다 치즈
- 콘 브레드 믹스 1 팩(팬 크기 8x8 인치)

지침

a) 오븐을 425 도로 예열합니다.

b) 프라이팬에 양파가 부드러워질 때까지 버터에 양파를 볶습니다. 칠리와 옥수수를 저어주세요. 칠리 혼합물을 기름칠한 9x13 인치 팬에 뿌립니다. 위에 치즈를 뿌린다.

c) 그릇에 포장 방향에 따라 콘 브레드 믹스를 섞습니다. 칠리 혼합물에 배터를 골고루 붓습니다.

d) 25 분 동안 또는 옥수수 빵이 노릇노릇해질 때까지 굽고 중앙에 놓습니다.

32. <u>엔칠라다 캐서롤</u>

분량: 6 인분

재료:

- 갈은 소고기 1 파운드, 물기를 뺀 것
- 다양한 종류의 칠리 1 캔(15 온스)
- 토마토 소스 1 캔(8 온스)
- 엔칠라다 소스 1 캔(10 온스)
- 나누어진 Fritos 옥수수 칩 1 봉지(10 온스)
- 사워크림 1 컵
- 1 컵 강판 체다 치즈

지침:

a) 오븐을 350 도로 예열합니다.

b) 큰 그릇에 익힌 소고기, 칠리, 토마토 소스, 엔칠라다 소스를 섞습니다. 칩의 2/3 를 저어줍니다. 혼합물을 기름칠한 2 쿼트 베이킹 접시에 뿌립니다.

c) 뚜껑을 덮지 않고 24~28 분 동안 또는 완전히 가열될 때까지 굽습니다.

d) 사워 크림을 위에 바르십시오. 사워 크림 위에 치즈를 뿌린다. 남은 칩을 부수고 위에 뿌린다.

e) 5~8 분 더 굽거나 치즈가 녹을 때까지 굽습니다.

33. Crockpot 의 돼지고기 칠리

만든다: 8

재료

- 설탕 1 티스푼
- 커민, 1 티스푼
- 오레가노 2 티스푼
- 소금, 1 티스푼
- 뼈없는 돼지고기 3 파운드, 깍뚝썰기
- 토마토 페이스트 3 티스푼
- 다진 양파 2 개
- 다진 마늘, 2 쪽
- 샐러드유 2 큰술
- 휘핑 크림, ½ 컵
- 물, 1 컵

봉사하다

- 또띠야 칩
- 아보카도
- 사워 크림

지참

a) Crockpot 에 기름을 넣은 갈색 돼지고기

b) 양파, 마늘, 칠리 파우더, 커민, 오레가노를 넣습니다.

c) 물, 설탕, 소금, 토마토 페이스트와 함께 돼지고기를 팬에 다시 넣습니다.

d) 크림을 넣고 약한 불에서 1 시간 동안 조리합니다.

34. 닭고기와 콩 슬리밍 수프

만든다: 8

재료

- 닭가슴살 200g
- 소금
- 다진 큰 양파 1 개
- 올리브 오일 1 티스푼
- 다진 마늘 2 쪽
- 다진 체리 토마토 2 컵
- 다진 당근 2 개
- 다진 피망 1 개
- 다진 고추 1 개
- 칠리 파우더 1 큰술
- 커민 1 ½ 티스푼
- 강황 1 티스푼
- 파프리카 1 티스푼
- 말린 오레가노 ¼ 작은술
- 저염 닭육수 4 컵
- 옥수수 2 컵
- 씻어 물기를 뺀 검은콩 500g
- 신선한 고수 1 컵
- 치즈 1 컵

지침:

a) 물을 채운 팬에 닭가슴살을 넣고 중불에서 10~15 분간 익힌다. 그것을 파쇄하십시오.

b) 큰 냄비에 올리브 오일을 붓고 중불로 가열합니다.

c) 약 5~8 분 동안 또는 양파가 반투명해질 때까지 양파와 마늘을 넣습니다.

d) 믹서기나 푸드프로세서에 토마토, 당근, 피망을 넣고 거품기로 잘 섞어줍니다.

e) 3 단계 팬에 양념과 티스푼을 넣습니다. 잘게 썬 닭고기, 4 단계 혼합물, 옥수수, 콩, 고수 2/4 컵을 넣습니다. 국물이 너무 걸쭉하면 물을 넣어주세요.

f) 옥수수가 부드러워질 때까지 팬을 부분적으로 덮은 상태에서 30 분에서 1 시간 동안 조리합니다.

g) 치즈와 나머지 고수로 장식된 수프를 제공합니다.

35.   돼지고기 포솔레

만든다: 10

재료:

- 3 파운드 살코기 뼈 없는 돼지 어깨살, 손질 및 1½ 인치 조각으로 절단
- 간 커민 1 큰술
- 코셔 소금 1 타스푼
- 물기를 빼고 헹군 흰색 호미니 15 온스 캔
- 후추 1 타스푼
- 카놀라유 1 큰술
- 다진 포블라노 고추 1½ 컵
- 다진 노란 양파 1½ 컵
- 무염 치킨 스톡 4 컵
- 얇게 썬 무
- 물기를 빼고 헹군 무염 핀토 콩 15 온스 캔
- 1 컵 살사 베르데
- 얇게 썬 파
- 신선한 오레가노 잎

지침

36. 돼지고기에 커민, 소금, 후추를 골고루 뿌립니다. 적당한 열로 프라이팬에 기름을 데우십시오. 프라이팬에 돼지고기의 절반을 추가합니다. 약 4 분간 황금빛 갈색이 될 때까지 가끔 저어가며 요리합니다. Crockpot 으로 옮깁니다. 나머지 돼지 고기로 절차를 반복하십시오.

37. 포블라노 고추와 양파를 넣고 약 5 분간 살짝 캐러멜라이즈합니다.

38. 프라이팬에 육수 ½ 컵을 넣고 저어 프라이팬 바닥에서 갈색 조각이 풀리도록 합니다. Crockpot 으로 이동하십시오.

39. 살사 베르데, 호미니, 핀토 콩 및 나머지 3½ 컵의 육수를 추가합니다.

40. 돼지고기가 부드러워질 때까지 약 7 시간 30 분 동안 천천히 요리합니다.

41. 감자 으깨는 도구로 콩과 호미니를 으깨십시오.

42. 얇게 썬 무, 파, 오레가노 잎과 함께 수프를 제공합니다.

36. 모짜렐라 칠리 캐서롤

만든다: 4

재료

- 16 온스 엑스트라 살코기 갈은 소고기
- 스파게티 소스 28 온스
- 로티니 파스타 16 온스
- 잘게 썬 모짜렐라 치즈 16 온스

지침

a) 파스타를 끓는 물에 10 분 동안 또는 면이 부드러우면서도 단단해질 때까지 삶습니다.

b) 오븐을 350F 로 예열

c) 캐서롤 접시에 쿠킹 스프레이를 뿌리고 따로 둡니다.

d) 중불에서 큰 프라이팬에 소고기를 고르게 갈색이 나고 바스러질 때까지 굽습니다. 팬에서 과도한 기름을 배출합니다.

e) 팬에 소고기에 스파게티 소스와 파스타를 추가합니다.

f) 준비된 캐서롤 접시에 고기 층과 치즈 층을 배열하고 재료가 없어질 때까지 반복합니다.

g) 25 분 동안 또는 치즈가 녹고 거품이 일 때까지 굽습니다.

37. 돼지고기와 고추 칠리

만든다: 4

재료

- 다진 붉은 양파 1 개
- 돼지고기 2 파운드, 간 것
- 다진 마늘 4 쪽
- 다진 붉은 피망 2 개
- 다진 셀러리 줄기 1 개
- 껍질을 벗기고 으깬 신선한 토마토 25 온스
- 다진 녹색 고추 ¼컵
- 다진 신선한 오레가노 2 큰술
- 칠리 파우더 2 큰술
- 소금과 후추를 꼬집어
- 올리브 오일 한 방울

지침

a) 기름을 두른 소테 팬을 중불로 가열하고 양파, 마늘, 고기를 넣습니다. 5 분 동안 섞고 갈색으로 만든 다음 슬로우 쿠커로 옮깁니다.

b) 나머지 재료를 넣고 버무린 후 뚜껑을 덮고 약한 불에서 8 시간 동안 조리합니다.

c) 모든 것을 그릇에 담아 서빙하십시오.

38. 크록팟 치킨 타코 수프

만든다: 6

재료:

- 냉동 뼈없는 닭가슴살 2 개
- 흰콩 또는 검은콩 2 캔
- 다진 토마토 1 캔
- 타코 시즈닝 ½봉
- 마늘 소금 ½티스푼
- 닭육수 1 컵
- 맛에 소금과 후추
- 토르티야 칩, 치즈 사워크림, 고수 토핑

지침

g) 냉동 닭고기를 도기 냄비에 넣고 다른 재료도 풀에 넣습니다.

h) 약 6-8 시간 동안 요리하도록 둡니다.

i) 조리가 끝나면 닭고기를 꺼내어 원하는 크기로 잘게 썬다.

j) 마지막으로 잘게 썬 닭고기를 솥에 넣고 슬로우쿠커에 올려줍니다. 저어 요리하십시오.

k) 더 많은 콩과 토마토를 추가하여 고기를 늘리고 더 맛있게 만들 수 있습니다.

만든다: 4

재료

- 양파 1 개
- 3 마늘 정향
- 다진 토마토 1 개
- 토마토 퓨레 2 큰술
- 붉은 강낭콩 1 컵
- ½ 컵 버터 콩
- ½ 컵 핀토 콩
- 노란색/피망 1 컵
- 바다 이끼 젤 2 온스
- 신선한 고추 1 개
- 리퀴드 아미노 2 큰술
- 커민 가루 ½ 티스푼
- 고수 가루 ½ 티스푼
- ½ 큐브 이스트 프리 야채 육수
- 히말라야 솔트 & 블랙페퍼

지침

a) 콩과 채소를 여과수로 씻은 다음 양파와 고추를 잘게 썬다.

b) 냄비에 알칼라수 50ml 를 데우고 미역젤리, 양파, 마늘, 고추를 넣고 부드러워질 때까지 찐다.

c) 콩, 소금, 후추를 넣습니다. 5 분간 조리합니다.

d) 다진 토마토, 퓨레, 칠리, 커민, 고수, 아미노를 넣고 육수 큐브에 부순다.

e) 잘 저어가며 뚜껑을 덮고 약불에서 20 분간 익혀주세요.

f) 맛을 보고 원하는 만큼 양념을 추가합니다.

g) 현미와 함께 제공하십시오.

40. <u>코코넛 밀크 칠리 치킨</u>

재료

- 뼈와 껍질을 제거한 닭고기 1 파운드, 네모썰기
- 레드 칠리 삼발 1 큰술
- 간장 3 큰술
- 겨자씨 ½ 티스푼
- 신선한 카레 잎 8 장
- 생강 마늘 페이스트 2 작은술
- 다진 작은 토마토 2 개
- 강황 가루 ½ 티스푼
- 식탁용 소금
- 필요에 따라 물
- 장식용 코코넛 밀크

지참

41. 그릇에 닭고기와 삼발을 섞습니다. 15 분 동안 따로 둡니다.

42. 중간 크기의 프라이팬에 기 버터를 데웁니다. 겨자씨를 추가하십시오; 스퍼터링이 시작되면 카레 잎, 생강 페이스트, 토마토를 넣습니다.

43. 약 8 분간 볶은 후 강황과 소금을 넣고 잘 저어줍니다. 물 1 컵 정도를 붓고 뚜껑을 덮지 않은 상태에서 10 분 동안 조리합니다.

44. 닭고기(빨간 칠리 삼발 모두 포함)를 넣고 닭고기가 완전히 익을 때까지 중불에서 약 5 분 동안 조리합니다.

45. 코코넛 밀크로 장식하고 뜨겁게 서빙합니다.

41. 원팟 터키 칠리 맥

재료

- 코코넛 오일 1 큰술
- 갈은 칠면조 1 파운드
- 코셔 소금 ½ 티스푼
- 다진 양파 ¼ 컵
- 다진 셀러리 2 줄기
- 다진 피망 ½ 컵
- 닭뼈 육수 4 컵(2 팩)
- 1(16 온스) 병 중간 두께의 두툼한 살사
- 1(15-16oz) 나트륨을 줄인 붉은 강낭콩 통조림
- 1(1.25 온스) 패킷 칠리 시즈닝 믹스
- 8 온스 엘보 마카로니
- 다진 체다 치즈 2 온스
- 무염 토마토 소스 캔 1(8 온스)
- 장식용 파슬리 잎

지침

d) 중간 높이 이상의 큰 냄비에 기름을 가열합니다. 다진 칠면조를 팬에 넣고 소금으로 간을 합니다. 주걱으로 고기를 부숴주면서 3-4 분간 조리합니다.

e) 양파, 셀러리, 피망을 넣고 젓고 칠면조가 완전히 익을 때까지 2 분 더 조리합니다. 국물, 살사, 콩 및 양념 믹스를 추가합니다. 종기에 가져다.

f) 파스타를 저어주세요. 가끔 저어주면서 8 분 동안 요리합니다. 그 동안 치즈를 작은 입방체로 자릅니다. 토마토 소스를 넣고 1 분간 더 끓인다. 치즈와 파슬리와 함께 칠리를 제공하십시오.

42. 원팟 파스타 에 파졸리

재료

- 엑스트라 버진 올리브 오일 1 큰술
- 살코기 1 파운드
- 맛볼 소금
- 말린 오레가노 1 티스푼
- 깍둑썰기한 중간 양파 1 개
- 다진 당근 1 컵
- 얇게 썬 셀러리 줄기 2 개
- 깍둑썰기한 큰 토마토 1 개
- 1(15 온스) 붉은 강낭콩 통조림, 헹구고 물기 제거
- 사골육수 2 컵
- 스파게티 소스 2 컵
- 파스타 껍질 8 온스
- 핫소스 1-2 티스푼, 선택사항
- 다진 신선한 파슬리 ¼컵
- 갓 간 후추
- 잘게 썰거나 갓 갈은 파마산 치즈 ½컵

지침

● 큰 냄비에 올리브 오일을 중불로 가열합니다. 다진 소고기를 넣고 주걱으로 으깨주세요. 소고기가 갈색으로 변할 때까지 요리하십시오. 그동안 소금과 오레가노로 간을 합니다.

● 양파, 당근, 셀러리, 토마토를 냄비에 넣습니다. 잘 섞고 약 10 분 동안 가끔 저어가며 요리합니다.

● 콩, 쇠고기 국물, 스파게티 소스를 넣고 파스타 껍질을 넣습니다. 사용하는 경우 냄비에 매운 소스를 뿌립니다. 저어 잘 섞는다. 끓인 다음 중불에서 15-20 분 동안 또는 파스타가 부드러워질 때까지 끓입니다.

● 맛을 내기 위해 갓 갈은 후추를 넣고 파슬리를 넣고 저은 다음 파마산 치즈를 얹습니다. 더 많은 파슬리 또는 치즈로 요리하고 장식하십시오. 즐기다!

43. 사천 쇠고기 국수 국물

재료

- 1 파운드 비프 스튜 고기
- 매콤한 칠리 콩 소스 ¼컵
- 물냉이 4 온스
- 흑설탕 2 큰술
- 12-15 표고버섯
- 올리브 오일 5 큰술, 나누어
- 계란 4 개, 반숙
- 스타아니스 3 개
- 8 온스 중국 국수 또는 라면 또는 우동
- 오향 가루 2 작은술
- 얇게 썬 생강 1 인치 청크
- 간장 2 큰술
- 마늘 4 쪽, 으깬 후 대충 썰기
- 장식용으로 다진 파 1 줄기
- 사골육수 5 컵
- 참기름
- 레드 와인 1 큰술
- 소금과 후추

지침

a) 비프 스튜 고기를 중간 크기의 그릇에 담습니다. 적포도주와 소금과 후추를 넣으십시오. 잘 저어.

b) 큰 냄비에 올리브 오일 2 큰술을 중불로 가열합니다. 양념한 소고기를 넣고 소고기 겉면이 갈색으로 변할 때까지 젓는다(약 5 분).

c) 냄비에 사골육수 5 컵을 넣는다. 불을 강으로 바꾸고 끓인 다음 끓입니다.

d) 고기가 끓는 동안 작은 프라이팬에 올리브 오일 3 큰술을 중불로 가열합니다(약 2 분).

e) 설탕을 넣고 갈색으로 변할 때까지 볶습니다. 이제 스타 아니스, 오향 가루, 생강 및 마늘을 추가하십시오. 약 10 초 동안 저어줍니다. 빨리 칠리 콩 소스를 추가하십시오. 잘 저어 약불에서 1 분 정도 익혀주세요.

f) 칠리 콩 소스 혼합물을 큰 냄비에 옮기십시오. 간장을 넣고 25 분간 끓인다.

g) 그동안 계란을 삶아주세요 (작은 냄비에 물 4 컵을 끓이고 계란을 부드럽게 넣고 반숙 계란의 경우 4 분 30 초 동안, 완숙 계란의 경우 5 분 동안 끓입니다. 계란을 물기를 빼고 찬물에 5 분 동안 담가 두십시오. 필링)

h) 25 분간 끓인 후 냄비에 면과 버섯을 넣고, 종기에 가져다. 우육면 국물이 끓으면 미나리를 넣고 바로 불을 끈다. 야채가 시들기 시작할 때까지 저어줍니다.

i) 서빙하려면 국수 국물을 4 개의 그릇에 고르게 나눕니다. 참기름을 뿌립니다. 반숙 계란을 각 그릇에 하나씩 넣습니다. 다진 파를 뿌린다. 즐기다!

44. 캐리비안 치킨 야채 국물 수프

재료:

- 다진 양파 1 컵
- 다진 셀러리 ½컵
- 잘게 썬 빨강 및 녹색 피망 ½컵
- 말린 타임 ½작은술
- 물 1 컵
- 월계수잎 2 장
- 칠리 파우더 1 티스푼
- 카레 가루 ½작은술
- 올스파이스 가루 ¼작은술
- 4½ 컵 탈지한 저나트륨 닭고기 육수
- ⅛ 티스푼 갓 간 후추
- 껍질을 벗긴 닭가슴살 반쪽, 뼈가 있는 1¼파운드
- ¼ 컵 백미, 건조 계량
- 조리하고 헹구고 물기를 제거한 검은콩 14½온스

지침

a) 기름, 셀러리, 빨강 또는 초록 고추, 양파를 큰 냄비에 넣고 섞습니다.

b) 센 불에서 자주 저어주면서 5 분 동안 야채를 익힙니다.

c) 육수에 물, 월계수 잎, 고춧가루, 카레 가루, 타임, 피망, 후추를 넣고 저어줍니다.

d) 닭고기를 넣은 후 끓입니다.

e) 25 분 동안 또는 닭고기가 완전히 익을 때까지 끓입니다. 정기적으로 저어주세요.

f) 닭고기가 손으로 만질 수 있을 정도로 식으면 따로 보관합니다.

g) 뼈를 제거한 후 닭고기를 한입 크기로 자릅니다.

h) 냄비에 콩과 쌀을 넣습니다.

i) 15 분 동안 또는 밥이 부드러워질 때까지 요리합니다.

j) 다시 냄비에 닭을 넣고 5 분간 끓인다.

k) 월계수 잎을 버립니다.

l) 무지방 요거트와 다진 고추를 얹어 제공합니다.

45. 햄 콩 국물 수프

재료:

- 밤새 불려 물기를 뺀 말린 검은콩 1 컵
- 다진 양파 1 컵
- 다진 셀러리 줄기 1 컵
- 다진 마늘 4 쪽
- 말린 오레가노 1 티스푼
- 소금 1 티스푼
- 케이준 시즈닝 1 티스푼
- 액체 연기 1 티스푼
- 다용도 조미료 2 작은술
- 루이지애나 핫소스 1 티스푼
- 2 햄 훅스
- 다진 햄 2 컵
- 물 2 컵

지침:

a) 인스턴트팟에 모든 재료를 넣고 잘 섞이도록 저어줍니다.

b) 뚜껑을 덮고 잠그고 수동으로 고압에서 조리 시간을 30 분으로 설정합니다.

c) 완료되면 10 분 동안 자연스럽게 압력을 해제한 다음 빠르게 해제합니다.

d) 뼈에서 고기를 제거하고 모든 고기를 갈기리 찢고 뼈를 버립니다.

e) 섞이도록 저어주고 뜨거울 때 서빙하세요.

46. 콩과 브로콜리 칠리

만든다: 2

재료:

- 시금치 1 단
- 히말라야 소금과 갓 간 후추
- 토마토 퓨레 2 큰술
- 다진 양파 1 개
- 다진 마늘 1 쪽
- 얇게 썬 붉은 칠리 1 개
- 커민 가루 ½작은술
- 고수 가루 ½작은술
- 작게 다진 브로콜리 머리 1 개
- 다진 토마토 1 캔
- 봉사할 라임 웨지
- ½ 이스트 프리 야채 육수 큐브
- 대시 리퀴드 아미노
- 물기를 뺀 붉은 강낭콩 통조림 200g

지침

a) 육수를 데우고 양파와 마늘을 찐다.

b) 육수 큐브, 토마토, 토마토 퓨레, 칠리, 커민, 고수, 아미노 소스, 소금, 후추를 추가합니다.

c) 20 분 정도 끓입니다.

d) 강낭콩과 신선한 고수를 믹싱 볼에 넣고 9 분간 더 조리합니다.

e) 생 브로콜리와 시금치를 얹습니다.

47. 칠리게티

분량: 6-8 인분

재료

- 갈은 소고기 1 파운드, 물기를 뺀 것
- 익혀 물기를 뺀 스파게티 1 팩(8 온스)
- 다진 양파 ½컵
- 사워크림 1 컵
- 2 캔(각각 8 온스) 토마토 소스
- 4 온스 통조림 버섯
- 칠리 2 캔(각각 16 온스), 모든 종류
- 다진 마늘 1 쪽
- 2 컵 강판 체다 치즈

지침

a) 오븐을 350 도로 예열합니다.

b) 큰 그릇에 치즈를 제외한 모든 재료를 섞습니다.

c) 기름칠한 9x13 인치 팬에 혼합물을 옮깁니다. 치즈를 얹습니다.

d) 20 분 굽습니다.

48. 망고 앤 빈 브렉퍼스트 부리또 볼

인분:4

재료

- 초록쌀 1 인분
- 헹구고 물기를 뺀 검은콩 1 캔(15 온스)
- 깍뚝썰기한 중대형 익은 망고 2 개
- 깍뚝썰기하거나 얇게 썬 아보카도 1 개
- 다진 붉은 파망 1 개
- 1 컵 옥수수, 구운 것, 날 것 또는 볶은 것
- 다진 실란트로 ½컵
- ¼ 컵 깍뚝썰기한 붉은 양파
- 얇게 썬 할라피뇨 1 개
- 선택적 드레싱
- 할라피뇨 실란트로 망고
- 실란트로 라임
- 할라피뇨 캐슈 소스

지도

a) 먼저 레시피의 지시에 따라 쌀을 요리하십시오. 밥을 짓는 동안 모든 채소와 과일을 그릇에 담을 수 있습니다.

b) 작업이 끝나면 밥을 4 개의 그릇에 나눈 다음 검은콩, 망고, 아보카도, 붉은 파망, 옥수수, 고수, 적양파, 할라피뇨 슬라이스를 그릇 사이에 고르게 나눕니다.

c) 라임 웻지와 함께 제공합니다.

49. 긴 곡물 쌀과 핀토 콩

인분:4

재료

- 식물성 기름 50ml/2fl oz
- 잘게 썬 양파 1 개
- 300ml/10½온스 긴 곡물 쌀
- 400ml/14½온스 물
- 400ml/14½온스 코코넛 우유
- 헹구고 물기를 뺀 주석 핀토 콩 400g/14¼oz
- 신선한 백리향 3 큰술
- 소금과 갓 간 후추
- 장식용 신선한 고수풀

지도

a) 프라이팬에 기름을 두르고 양파가 투명해질 때까지 볶는다.

b) 쌀을 넣고 잘 저은 다음 물과 코코넛 밀크를 넣습니다. 끓입니다.

c) 핀토콩과 백리향을 넣고 끓인 후 뚜껑을 덮고 밥이 익을 때까지 약 20 분 동안 끓입니다. 소금과 갓 간 후추로 간을 합니다.

d) 고수와 함께 장식합니다.

50. 장립종 계란 볶음밥을 곁들인 리임 치킨

인분. 2

재료
치킨을 위해
껍질 없는 닭가슴살 2 개
참기름 2 큰술
식물성 기름 2 티스푼
간장 2 큰술
다진 마늘 2 쪽
레몬 ½개, 간 제스트, 주스
소금과 갓 간 후추
맑은 꿀 1 큰술
쌀을 위해
땅콩 기름 2 큰술
참기름 2-3 작은술
방목한 계란 2 개, 가볍게 두들긴 것
스플래시 간장
잘게 썬 파 2 개
익힌 핀토 콩 50g/2oz
익힌 장립종 쌀 150g/5oz
소금과 갓 간 후추
다진 고수 3-4 큰술
봉사할 라임 웨지
지도
나비를 만들기 위해 닭 가슴살을 판자 위에 놓고 날카로운 칼을 사용하여 각 가슴살의 3/4 을 도마와 평행하게 자릅니다.
각 닭 가슴살을 열어 두 개의 크고 얇은 닭 가슴살을 만듭니다.

참기름, 식물성 기름, 간장, 마늘, 레몬 제스트, 주스 한 스푼과 함께 그릇에 담습니다.

소금과 갓 같은 후추로 간을 하고 잘 섞이도록 섞습니다. 별도의 그릇에 꿀과 남은 참기름을 섞습니다.

철판 팬을 중불에서 연기가 날 때까지 가열한 다음 철판 위에 닭고기를 놓고 꿀과 참깨 혼합물을 한두 번 솔질하면서 양쪽을 2~3 분 동안 익힙니다.

다 익으면 닭고기를 숯불로 겉면을 노릇하게 구워 완전히 익혀야 합니다. 2-3 분 동안 그대로 둡니다.

한편, 밥은 냄비를 센 불로 달구고 땅콩과 참기름 1 티스푼을 넣습니다. 기름이 끓기 시작하면 계란을 넣고 1-2 분 동안 또는 스크램블될 때까지 계속 저어가며 요리합니다.

계란을 팬 옆으로 밀고 참기름, 간장, 파, 콩을 조금 더 넣고 1 분간 볶다가 밥을 넣고 소금과 갓 간 후추로 간을 맞춥니다.

계속 저으면서 3-4 분 동안 또는 완전히 따뜻해질 때까지 요리합니다. 고수풀을 저어주세요.

서빙하려면 밥을 접시에 숟가락으로 떠서 내십시오. 닭고기를 사선으로 얇게 썰어 밥 위에 얹는다. 라임 조각을 얹습니다.

51.긴 곡물 쌀 호핀 존

인분: 4

재료

식물성 기름 2 큰술

약혀 잘게 썬 베이컨 300g/10½oz

잘게 썬 피망 1 개

잘게 썬 붉은 고추 1 개

잘게 썬 붉은 양파 1 개

셀러리 스틱 3 개, 잘게 썬 것

다진 마늘 4 쪽

말린 칠리 플레이크 1 티스푼

월계수 잎 2 장

닭고기 또는 야채 육수 1 리터/1¾파인트

물기를 빼고 헹군 400g/14oz 주석 핀토 콩

장립미 225g/8oz

크리올 또는 다용도 조미료 2 큰술

소금과 갓 간 후추

봉사하다

잘게 썬 평평한 잎 파슬리 잎 한 줌

파 다발, 잘게 썬다

지도

큰 팬에 기름을 중불로 가열합니다.

팬에 베이컨을 넣고 바삭해질 때까지 볶습니다. 슬롯 형 스푼으로 제거하고 키친 페이퍼에 물기를 제거하십시오.

양파, 후추, 셀러리, 마늘, 칠리 플레이크, 월계수 잎, 크리올 시즈닝, 소금, 후추를 팬에 넣고 부드러워질 때까지 약불에서 중불로 볶습니다.

육수를 붓고 끓입니다.

쌀, 콩, 베이컨을 넣고 잘 저어줍니다. 뚜껑을 덮고 20 분 동안 또는 쌀이 부드러워지고 대부분의 액체가 흡수될 때까지 끓입니다.

서빙 그릇에 나누어 파슬리와 파를 뿌린 후 서빙합니다.

52. 멕시코식 핀토 콩과 쌀

인분: 8

재료

치킨 부용(저염) 1 큰술

토마토 페이스트 3 큰술

고수 씨 가루 1 티스푼

소금 1 티스푼

마늘 가루 ½ 작은술

후추 ¼ 작은술

물 3½ 컵

장립 백미 2 컵, 망사 여과기로 헹구기

꼭지를 제거하고 씨를 빼고 다진 빨간 피망 1 개

잘게 썬 붉은 양파 ¼ 컵

줄기를 제거하고 씨를 제거한 후 잘게 썬 할라피뇨 1 개

잘게 썬 실란트로 2 큰술

물기를 빼고 헹군 핀토콩 1 캔(15 온스)

지도

냄비에 치킨 베이스, 토마토 페이스트, 고수풀, 소금, 마늘 가루, 후추를 넣습니다. 결합하기 위해 털다.

점차적으로 물에 휘젓고 쌀을 넣고 저어 섞습니다. 냄비를 중불에 놓고 가끔 저어가며 끓입니다.

불을 중약불로 줄이고 뚜껑을 덮습니다. 약 12-15 분 동안 가끔 저어주면서 액체가 흡수될 때까지 계속 요리합니다. 열에서 제거하고 몇 분 동안 덮어 둡니다.

큰 그릇에 밥을 담고 피망, 양파, 할라피뇨, 고수를 넣습니다. 섞어서 섞는다.

콩을 부드럽게 저어 서빙하십시오.

53.실란트로를 곁들인 핀토 콩과 쌀

6 인분

재료
쌀:
장립 백미 1 컵
올리브 오일 1 큰술
토마토 소스 8 온스 캔
씨를 빼고 4 등분한 붉은 피망 1 개
치킨 스톡 또는 야채 육수 1 1/2 컵
코셔 소금 3/4 티스푼
마늘 가루 1 티스푼
칠리 파우더 1/4 티스푼
커민 1/4 작은술
다진 토마토 1/2 컵
장식용 다진 실란트로 2 큰술(선택 사항)
콩의 경우:
물기를 빼고 헹군 핀토 콩 15 온스 캔
닭고기 육수 또는 야채 육수 1/2 컵
토마토 페이스트 1 큰술
소금 3/4 작은술
칠리 파우더 3/4 티스푼
장식용 피코 데 가요 1/2 컵(선택 사항)
지도
쌀:
2 쿼트 냄비에 올리브 오일을 넣고 중불로 가열합니다. 밥을 넣고 밥이 기름에 코팅될 때까지 저어줍니다. 약 5 분 동안 또는 쌀이 토스트되고 옅은 갈색이 될 때까지 요리합니다.

나머지 재료를 모두 추가합니다.

냄비를 버너에 다시 넣고 내용물을 끓입니다.

냄비를 덮고 열을 낮추십시오. 17 분 동안 요리합니다.

냄비를 불에서 내리고 뚜껑을 덮은 채 5 분 동안 그대로 두세요. 피망을 제거하고 버립니다. 잘 저어, 원하는 경우 토마토와 파로 장식합니다.

콩의 경우:

모든 재료를 팬에 넣고 중불에서 끓입니다. 소스가 걸쭉해질 때까지 7~10 분간 끓입니다. 맛을 보고 필요한 경우 소금이나 칠리 파우더를 추가합니다. 소스가 취향에 비해 너무 걸쭉해지면 치킨 스톡을 조금 더 추가할 수도 있습니다. 원하는 경우 피코 데 가요로 장식합니다.

54. 스페인 핀토 콩 및 쌀

2 인분

재료

밥을 위해

2 컵 야채 육수 475ml

장립종 쌀 1 컵 190g

사프란 실 1/4 작은술 0.17g

판치 바다 소금

대시 후추

콩을 위해

엑스트라 버진 올리브 오일 2 큰술 30ml

작은 양파 1 개

마늘 4 쪽

당근 1 개

녹색 피망 1 개

달콤한 훈제 스페인 파프리카 1 작은술 2.30g

커민 가루 1/2 작은술 1.25g

통조림 핀토 콩 2 1/2 컵 400g

1 컵 야채 육수 240ml

판치 바다 소금

대시 후추

잘게 썬 신선한 파슬리 한 줌

지도

냄비에 야채 육수 2 컵을 붓고 사프란 실 1/4 작은술을 꼬집어 넣고 천일염과 갓 간 후추로 간을 한 후 센 불로 가열합니다.

그 사이에 장립종 쌀 1 컵을 체에 넣고 흐르는 찬물에 헹궈 물이 맑아질 때까지 헹굽니다.

국물이 끓어오르면 냄비에 밥을 넣고 고루 섞은 후 뚜껑을 덮고 중불로 낮추어 밥이 익을 때까지 끓인다.

한편 큰 프라이팬을 중불로 달구고 엑스트라 버진 올리브 오일 2 큰술을 넣고 2 분 후 잘게 썬 작은 양파 1 개, 잘게 썬 풋파망 1 개, 잘게 썬 당근 1 개, 마늘 4 쪽을 굵직하게 넣는다. 다진 야채를 올리브 오일과 계속 섞습니다.

4 분 후 야채를 살짝 볶은 후 달콤한 훈제 스페인 파프리카 1 티스푼과 간 커민 1/2 티스푼을 넣고 재빨리 섞은 다음 통조림 핀토 콩 2 1/2 컵(물기를 빼고 헹구어)을 넣고 바다 소금으로 간을 합니다. & 후추, 잘 섞일 때까지 부드럽게 섞은 다음 야채 육수 1 컵을 넣고 중불에서 끓입니다.

밥이 다 익으면(저의 경우 15 분) 밥을 불에서 내리고 뚜껑을 덮은 상태로 3~4 분간 뜸을 들인 후 뚜껑을 열고 포크로 밥을 부풀려 밥을 옮깁니다. 서빙 요리에

끓고 있는 콩(국물이 조금 남아 있어야 함)을 집어서 밥 옆에 있는 서빙 접시에 담고 갓 다진 파슬리를 뿌린 다음 즐기세요!

55.원팟 쌀과 콩

인분: 4 인분

재료

올리브 오일 2 큰술

다진 노란 양파 1 개(약 1¼컵)

닭고기나 야채 육수 또는 물 1 ¾컵

소금 1 티스푼

장립종 쌀 1 컵

검은콩 또는 핀토콩 1 캔(15.5 온스)

장식용 라임 웨지 또는 고수 잎(선택 사항)

지도

뚜껑이 꽉 끼는 큰 냄비나 더치 오븐에 올리브 오일을 중불로 데웁니다. 양파를 넣고 반투명해질 때까지 약 3 분간 볶습니다. 육수를 넣고 뚜껑을 덮고 끓입니다.

소금, 쌀, 콩(액체 포함)을 넣습니다. 잘 섞이도록 저은 후 덮으세요.

불을 최대한 낮추고 18~20 분 동안 그대로 둡니다. 불을 끄고 4 분 동안 그대로 둔 다음 포크로 보풀이 일어납니다.

소금과 후추로 간을 한 다음 원하는 대로 라임이나 실란트로로 장식합니다.

56. 남부 핀토 콩과 쌀

분량: 6 컵

재료
- 말린 핀토 콩 1 파운드
- 물 또는 육수 8 컵
- 밤새 몸을 담그기 위해 소금 2 큰술, 식탁용 소금
- 양파 가루 2 큰술 또는 잘게 썬 신선한 양파 1 컵
- 마늘 가루 2 큰술
- 밥 2 컵, 현미 또는 백미, 익힌 것
- 훈제햄 호크 1 개
- 소금과 후추 맛

지도
a) 양파와 마늘 가루, 액체, 단백질(선택 사항)과 함께 큰 더치 오븐에 콩을 넣습니다.
b) 뚜껑을 덮지 않은 채 약한 불에서 3~4 시간 동안 또는 부드러워질 때까지 요리합니다. 액체 레벨을 자주 확인하십시오. 필요한 경우 더 추가하십시오. 부드러워지면 조미료를 맛보고 그에 따라 조정하십시오.
c) 말린 핀토 콩 1 파운드, 물 또는 육수 8 컵, 양파 가루 2 큰술, 마늘 가루 2 큰술, 훈제 햄 족발 1 개

57. 핀토 콩과 쌀과 소시지

인분: 6 인분

재료

- 말린 핀토콩 1 파운드
- 물 6 컵
- 햄 호크 1 개 또는 고기가 많은 남은 햄 뼈
- 다진 중간 양파 1 개
- 다진 마늘 3 쪽
- 소금 1 1/2 티스푼
- 안두이 훈제 소시지 또는 이와 유사한 훈제 소시지 1 파운드, 얇게 썬 것
- 다진 토마토 통조림 1(14 1/2 온스)
- 1(4 온스) 순한 녹색 칠레 고추 통조림 또는 순한 것과 jalapeño 를 섞은 것, 깍둑썰기
- 으깬 레드 페퍼 플레이크 1/2 티스푼(선택 사항)
- 4 컵의 흰 쌀, 긴 곡물 또는 퀵 그릿, 뜨거운 삶은 것

지도

a) 전날 밤 큰 그릇이나 냄비에 핀토 콩을 넣고 콩 위 약 3 인치 깊이까지 물로 덮습니다. 8 시간 또는 하룻밤 동안 그대로 두십시오. 잘 배수하십시오.

b) 불려서 물기를 뺀 콩을 물, 햄 호크, 양파, 마늘과 함께 큰 냄비나 더치 오븐에 넣고 센 불에서 섞습니다. 종기에 가져다

열을 덮고 중간으로 줄이십시오. 콩을 45 분 동안 또는 콩이 부드러워질 때까지 요리합니다.*

c) 원하는 경우 소금, 얇게 썬 소시지, 토마토, 순한 칠레 고추, 으깬 고추 조각을 추가합니다. 뚜껑을 덮고 불을 약하게 줄이고 가끔 저어주면서 1 시간 동안 끓입니다.

d) 햄 호크를 제거하고 뼈에서 고기를 제거하십시오. 포크나 칼으로 햄을 잘게 썬다. 햄을 콩 혼합물로 되돌립니다.

e) 뜨거운 밥 위에 핀토 콩을 제공하십시오.

58. 갈로핀토

인분: 8 인분

재료
콩을 위해
- 말린 핀토 콩 1 봉지(16 온스)
- 소금
- 껍질을 벗긴 마늘 7 쪽

밥을 위해
- 1/4 컵 식물성 기름, 분할
- 중간 크기의 노란 양파 1 개, 잘게 다진 것(약 1 컵)
- 장립 백미 1 1/2 컵
- 물 또는 저염 닭고기 육수 3 컵
- 씨를 빼고 씨를 제거한 녹색 피망 1/2 개

지도
콩을 위해

a) 테두리가 있는 과자 굽는 판에 콩을 펼칩니다. 잔해물과 부러진 콩을 골라냅니다. 콩을 소쿠리에 옮기고 흐르는 찬물에 헹굽니다. 헹군 콩을 큰 냄비에 넣고 찬물로 덮습니다. 30 분간 담가둡니다.

b) 센 불로 끓입니다. 불을 중불로 줄이고 콩을 30 분간 끓인다. 불을 끄고 콩을 덮고 1 시간 동안 휴지시킵니다. 콩을 다시 가져와 센 불에서 끓입니다. 소금 2 티스푼과 마늘을 넣고 불을 중불로 줄이고 콩이 부드러워질 때까지 30~60 분간 끓입니다.

쌀

c) 바닥이 두꺼운 대형 냄비에 기름 2 큰술을 넣고 중불에서 반짝거릴 때까지 가열합니다. 양파 2/3 를 넣고 부드러워지고 반투명해질 때까지 약 5 분 동안 저어가며 조리합니다.

d) 쌀을 넣고 저어주면서 곡물이 빛나고 기름으로 고르게 코팅될 때까지 2~3 분간 조리합니다. 물 또는 육수와 소금 1 1/2 티스푼을 넣고 불을 높이 올려 끓입니다. 밥 위에 청양고추를 올려주세요.

e) 대부분의 액체가 증발하고 쌀 표면에 작은 거품이 터지는 것을 볼 수 있을 때까지 젓지 않고 밥을 끓입니다. 즉시 불을 가장 낮은 온도로 낮추고 뚜껑을 덮은 다음 15 분 동안 조리합니다(젓지 말고 뚜껑을 열지 마십시오). 피망을 제거하고 버립니다. 젓가락이나 포크로 밥을 푼 다음 식혀서 하루 동안 냉장 보관합니다.

갤로핀토의 경우:

f) 큰 냄비에 남은 오일 2 큰술을 중불에서 반짝거릴 때까지 가열합니다. 남은 양파를 넣고 약 5 분 동안 부드러워지고 반투명해질 때까지 저어가며 요리합니다.

g) 밥과 콩 2 컵을 프라이팬에 넣고 밥이 고르게 코팅될 때까지 저어가며 요리합니다. 약 10 분 동안 계속 저으면서 요리하여 풍미가 녹아들고 혼합물이 약간 바삭해질 수 있도록 합니다. 뚜껑을 덮고 약불에서 10 분간 더 끓인다.

59.밥 위에 콩 소스와 토마토

인분 6 인분

재료
불린 핀토콩 1 컵
씨를 빼고 다진 세라노 칠리 2 개
간 생강 ½큰술
월계수 잎 각 1 개
강황 ¼작은술
물 4 컵
육수 1⅓컵
¼ 컵 실란트로
소금 후추
다진 후 구운 피칸 2 큰술
올리브 오일 2 큰술
깍뚝썰기한 토마토 4 개
칠리 파우더 1 티스푼
신선한 마조람 1 큰술
메이플 시럽 1 티스푼
물 5 컵
장립종 쌀 1½컵
잘게 썬 당근 2 개
3 인치 시나몬 스틱 1 개
올리브 오일 ½큰술

지도
콩이 부드러워질 때까지 1 시간 30 분에서 2 시간 동안 콩을 익힙니다.
월계수 잎 버리기 &
소스

물기를 뺀 콩, 고추, 생강, 월계수 잎, 강황, 물을 큰 냄비에 넣고 섞습니다.

끓여서 열을 줄이고 뚜껑을 덮고 요리하십시오.

콩, 스톡, 고수를 푸드 프로세서에 넣고 두툼한 소스에 넣습니다. 간을 하고 피칸을 넣고 살짝 데웁니다.

토마토

소테 팬에 토마토, 칠리 파우더, 마조람, 시럽을 섞습니다. 소금과 후추로 간을 하고 토마토가 캐러멜화되기 시작할 때까지 약 10 분 동안 적당한 불에서 볶습니다. 약한 불로 따뜻하게 유지하십시오.

쌀

물을 끓이고 쌀, 당근, 계피를 넣고 저어줍니다. 밥이 부드러워질 때까지 요리합니다. 백미를 사용하는 경우 10~12 분 동안 조리합니다. 계피는 물기를 빼고 버리고 흐르는 물에 간단히 헹굽니다.

팬으로 돌아가서 기름을 뿌립니다.

서빙하려면 따뜻한 접시에 밥을 숟가락으로 담고 콩 소스를 얹고 토마토를 뿌립니다.

60.케이준 핀토 콩

인분: 8

재료
씻어서 딴 핀토콩 작은 봉지 1 개
밀가루 ¼컵
¼ 컵 베이컨 그리스
다진 큰 양파 1 개
다진 마늘 6 쪽
다진 셀러리 ½컵
월계수 잎 각 1 개
칠리 파우더 ¼컵
간 커민 2 큰술
고추를 곁들인 토마토 1 캔
맷볼 소금
호크족 또는 소금 돼지고기 2 파운드 선택 사항
다진 고수
익힌 장립종 쌀 2 컵

지도

핀토 콩을 고르고 씻으십시오. 핀토 콩 작은 봉지 1 개를 찬물과 베이킹 소다 1 큰술에 밤새 담급니다. 콩을 헹구고 1 시간 동안 삶는다. 물을 갈아주고 다시 베이킹소다 1 큰술을 넣어줍니다. 1~2 시간 더 익힌 후 마지막으로 물을 바꾸고 베이킹 소다를 넣고 익힐 때까지 끓입니다.

밀가루 ¼컵과 베이컨 기름 ¼컵을 다크 루(코코아색)에 볶습니다. 다음을 넣고 시들 때까지 저어줍니다: 다진 큰 양파 1 개, 다진 마늘 5~6 쪽, 다진 셀러리 ½컵, 월계수 잎 1 개, 고수.

칠리 파우더, 커민. 토마토를 칠리와 소금으로 맛을 냅니다.

족발이나 소금에 절인 돼지고기와 함께 요리할 수 있습니다.

이 루를 사용하면 핀토 콩에 정말 훌륭한 풍미가 더해집니다.

긴 곡물 쌀과 함께 제공하십시오.

61. 치즈를 곁들인 쌀과 콩

인분:5

재료

- 물 1⅓컵
- 다진 당근 1 컵
- 인스턴트 치킨 부용 1 티스푼
- 소금 ¼작은술
- 물기를 제거한 캔 핀토 콩 15 온스
- 플레인 로우팻 요거트 8 온스
- 잘게 썬 저지방 체다 치즈 ½컵
- 장립미 ⅔컵
- 얇게 썬 파 ½컵
- 고수 가루 ½작은술
- 핫 페퍼 소스 1 티스푼
- 저지방 코티지 치즈 1 컵
- 자른 신선한 파슬리 1 큰술

지도

a) 큰 냄비에 물, 쌀, 당근, 파, 부용 알갱이, 고수풀, 소금, 병에 든 고추 소스를 넣습니다.

b) 끓게 가져오십시오; 열을 줄이십시오. 뚜껑을 덮고 15 분 동안 또는 쌀이 부드러워지고 물이 흡수될 때까지 끓입니다.

c) 핀토콩 또는 네이비빈, 코티지 치즈, 요거트, 파슬리를 넣고 저어줍니다.

d) 10x6x2" 베이킹 접시에 숟가락으로 담습니다.

e) 350 deg F. 오븐에서 20-25 분 동안 또는 완전히 가열될 때까지 덮고 굽습니다. 체다 치즈를 뿌린다. 뚜껑을 덮지 않은 채 3-5 분 더 또는 치즈가 녹을 때까지 굽습니다.

62.핀토 콩과 사프란 라이스

인분: 4
재료
콩
말린 핀토콩 3 컵
1/2 스틱 버터
라드 1/3 컵
소프리토 1/2 컵
깍뚝썰기한 큰 양파 1 개
물 3 쿼트
쌀
긴 곡물 쌀 1-1/2 컵
닭육수 3 컵
사프란 실 1/2 작은술
코셔 소금 1-1/2 티스푼
물 1/2 컵
버터 1 큰술
식초 핫페퍼 소스

지도

콩을 씻고 돌, 나쁜 콩과 같은 모든 이물질을 제거하십시오.

양파를 깍둑썰기하십시오.

양파, 콩, 소프리토, 물, 버터를 넣습니다.

4 분 동안 가열하고 라드를 추가합니다.

뚜껑을 덮고 15 분간 저어가며 끓이다가 다시 뚜껑을 덮고 불을 반으로 줄인다. 콩이 부드러워질 때까지 끓인 다음 소금을 넣습니다.

버터를 녹이고 밥을 넣습니다. 잘 저은 후 사프란, 육수, 물을 넣습니다. 쌀을 가끔 저어가며 끓이다가 액체가 흡수되면 뚜껑을 덮고 불에서 내려 20 분 동안 방해하지 마십시오.

밥 위에 콩과 함께 제공하십시오. 식초와 고추 소스를 추가합니다.

63. 핀토 콩을 곁들인 타코 시즈닝 라이스

인분: 6 인분

재료
물 2 컵
토마토 소스 8 온스
타코 시즈닝 믹스 1 팩
옥수수 1 컵
다진 파망 ½컵
오레가노 ½티스푼
⅛ 티스푼 마늘 가루
장립종 쌀 1 컵
핀토 콩 16 온스, 통조림
지도
중간 냄비에 쌀과 콩을 제외한 모든 재료를 섞습니다.
혼합물을 중불로 끓입니다. 쌀과 콩을 저어주세요.
혼합물이 다시 끓으면 저은 다음 불을 중불로 줄이고 뚜껑을 덮고
대부분의 액체가 익을 때까지 45 분에서 1 시간 동안 끓입니다.
열에서 제거하고 5 분 동안 뚜껑을 덮어 둡니다.
잘 섞다.

64. 인도 호박 쌀과 콩

인분: 8

재료

카놀라유 1 큰술

중간 크기의 노란 양파 1 개, 다진 것

2 정향 마늘, 다진 것

2 컵 호박 큐브

카레 가루 2 작은술

후추 ½작은술

소금 ½작은술

정향 가루 ¼작은술

장립 백미 1½컵

굵게 다진 케일 또는 시금치 1 컵

익힌 핀토 콩 15 온스, 배수 및 헹굼

지도

큰 냄비에 기름을 중불로 가열합니다.

양파와 마늘을 넣고 양파가 반투명해질 때까지 5 분간 저어가며 조리합니다. 호박, 카레, 후추, 소금, 정향을 넣고 1 분 더 끓입니다.

물 3 컵과 쌀을 넣고 뚜껑을 덮고 끓입니다. 약 15 분 동안 중불에서 끓입니다.

케일과 콩을 넣고 약 5 분간 더 끓입니다.

밥을 잘게 부수고 불을 끕니다. 서빙하기 전에 10~15 분 동안 그대로 두십시오.

65. 멕시코 카우보이 콩

인분: 6

재료

- 말린 핀토콩 ½파운드
- 양파(대) 1 개
- 다진 마늘 3 쪽
- 고수 2 줄기
- ¼ 컵 야채 육수 또는 물
- 6 온스 (3/4 컵) 초리조
- 다진 세라노 고추 2 개
- 깍둑썰기한 큰 토마토 1 개

지도

a) 콩을 물에 밤새 담가둡니다.

b) 다음날 물에 거르고 큰 냄비에 담는다. 냄비에 물을 3/4 정도 채울 만큼 충분히 붓습니다.

c) 양파를 반으로 자릅니다. 양파 ½개, 고수 가지, 마늘 3 쪽을 콩이 든 냄비에 넣습니다. 양파의 나머지 절반을 예약하십시오.

d) 물을 끓인 다음 콩이 거의 부드러워질 때까지 약 1 시간 30 분 동안 익힙니다.

e) 콩이 요리되는 동안 큰 소테 팬을 중불로 가열합니다. 초리조를 넣고 약간 갈색이 될 때까지 약 4 분간 볶습니다. 초리조가 요리되는 동안 양파의 나머지 절반을 깍둑썰기합니다.

f) 팬에서 초리소를 꺼내 따로 보관합니다. 물 ¼컵, 다진 양파, 세라노 고추를 소테 팬에 넣습니다. 부드럽고 반투명해질 때까지 약 4~5 분 동안 양파와 고추를 볶습니다. 토마토를 추가하고 7-8 분 이상 또는 토마토가 분해되어 즙이 모두 나올 때까지 조리합니다.

g) 이 혼합물과 초리조를 콩 냄비에 넣고 20 분 동안 또는 콩이 완전히 부드러워질 때까지 끓입니다. 소금과 후추로 맛을 내십시오.

h) 서빙하기 전에 콩에서 양파 반쪽, 실란트로 가지, 마늘 정향을 제거하십시오. 소금과 후추로 간을 맞춘다

66.캐리비안 페스티벌

재료

저크 잭프루트

- 어린 잭 프루트 통조림 3 개를 소금물에 담그고 물기를 제거하고 가볍게 두드려 물기를 제거한 다음 약간의 크기로 잘라냅니다.
- 비타 코카 코코넛 오일 1 큰술
- 잘게 썬 파 3 개
- 다진 마늘 3 쪽
- 스카치 보넷 칠리 1/2 개(더 맵게 하려면 1 개 사용)
- 다진 생강 엄지손가락 크기
- 씨를 제거하고 깍둑썰기한 노란 고추 1 개
- 검은콩 1 컵/200g, 깡통. 배수 및 헹굼.
- 올스파이스 1 큰술
- 계피 가루 2 티스푼
- 간장 3 큰술
- 토마토 퓨레 5 큰술
- 코코넛 설탕 4 큰술
- 파인애플 주스 1 컵/240ml
- 주스 라임 1 개
- 신선한 타임 잎 1 큰술
- 바다 소금 2 티스푼
- 간 후추 1 티스푼

쌀과 완두콩

- 1 주석 강낭콩, 액체 비축
- 1 주석 코코넛 밀크
- 신선한 타임 3 큰술
- 꼬집음 바다 소금 & 후추
- 1 & 1/2 cups/340g 긴 곡물 쌀, 헹구기
- 필요한 경우 야채 육수.

튀긴 질경이

- 껍질을 벗기고 cm 디스크로 자른 질경이 2 개
- 비타 코카 코코넛 오일 2 큰술
- 코코넛 설탕 2 큰술
- 판치 솔트 & 페퍼

망고 샐러드

- 껍질을 벗기고 깍둑썰기한 신선한 망고 1/2 개
- 잘게 다진 신선한 칠리 1 타스푼
- 소수의 신선한 고수풀
- 반 라임 주스
- 신선한 혼합 샐러드

지도

a) 먼저 큰 캐서롤 접시나 프라이팬을 중불에 올려 놓습니다. 코코넛 오일을 넣고 양파, 마늘, 생강, 칠리, 노란 고추를 넣습니다. 양념을 넣고 2 분 더 조리하기 전에 3 분 동안 혼합물이 부드러워지도록 합니다. 조미료 한 꼬집을 추가하십시오.

b) 잭프루트를 팬에 넣고 잘 저은 후 3~4 분 동안 조리합니다.

c) 다음으로 코코넛 설탕과 검은콩을 넣습니다. 계속 저은 다음 간장, 토마토 퓨레, 파인애플 주스를 넣습니다. 열을 낮추고 라임 주스와 다진 신선한 타임 잎을 추가합니다.

d) 뚜껑을 덮고 잭프루트가 익도록 12-15 분 정도 둡니다.

e) 밥은 냄비에 재료를 넣고 뚜껑을 덮습니다. 팬을 약한 불에 놓고 쌀이 가볍고 푹신해질 때까지 모든 액체를 흡수하도록 합니다. 이것은 10-12 분 정도 소요됩니다. 밥이 익기 전에 너무 건조해지면 물이나 채소 육수를 추가하세요.

f) 다음은 질경이. 들러붙지 않는 프라이팬을 중불로 예열하고 코코넛 오일을 추가합니다. 뜨거울 때 질경이 워지를 추가하고 캐러멜화되고 황금색이 될 때까지 양면을 3-4 분 동안 요리합니다. 코코넛 설탕, 소금, 후추로 간을 합니다.

g) 샐러드의 경우 작은 믹싱 볼에 모든 재료를 함께 간단히 섞습니다.

h) 모든 것을 함께 제공하고 즐기십시오.

67.자메이카 저크 잭프루트 & 콩과 밥

인분:2

재료

- 양파 1 개
- 마늘 2 쪽
- 고추 1 개
- 덩굴 토마토 2 개
- 자메이카 저크 시즈닝 2 티스푼
- 강낭콩 통조림 400g
- 잭프루트 통조림 400g
- 코코넛 밀크 200ml
- 백미 장립종 쌀 150g
- 어린 잎 시금치 50g
- 천일염
- 갓 간 후추
- 올리브 오일 1 큰술
- 끓는 물 300ml

지도

j) 양파를 껍질을 벗기고 잘게 썬다. 마늘 정향을 껍질을 벗기고 갈아줍니다. 고추는 반으로 자르고 열을 줄이기 위해 씨와 막을 제거하고 잘게 썬다. 토마토를 대충 다져줍니다.

k) 큰 팬에 기름 1 큰술을 두르고 중불로 가열합니다. 양파를 넣고 소금과 후추를 약간 넣습니다. 4-5 분 동안 튀기되 가끔

저어주면서 부드러워지고 약간 색이 나게 합니다. 마늘, 칠리, 자메이카 저크 시즈닝 2 티스푼을 넣고 젓고 2 분간 더 볶습니다.

l) 다진 토마토를 팬에 기울입니다. 강낭콩과 잭프루트는 물기를 빼고 팬에 넣습니다. 코코넛 밀크를 붓습니다. 잘 섞어 끓이다가 반쯤 뚜껑을 덮고 20 분간 은근히 끓인다. 익는 동안 가끔 나무주걱으로 잭프루트 덩어리를 조금씩 부숴준다.

m) 쌀을 체에 밭쳐 찬물에 잘 헹굽니다. 작은 팬에 팁을 넣고 끓는 물 300ml 와 소금 한 꼬집을 넣습니다. 뚜껑을 덮고 끓인 다음 오른쪽으로 뒤집어 모든 물이 흡수될 때까지 8 분 동안 매우 부드럽게 끓입니다. 밥을 불에서 내리고 팬에 뚜껑을 덮은 채 10 분간 찐다

n) 잭프루트에 시금치를 넣고 시들 때까지 콩을 저어줍니다. 소스를 맛보고 필요하면 소금을 더 넣으세요

o) 깊은 그릇 두 개에 밥을 숟가락으로 담고 잭프루트 커레를 한 국자 가득 얹어 서빙합니다.

68.콩 과일, 견과류를 곁들인 라이스 필라프

재료

- 긴 곡물 쌀 1 1/2 컵
- 중성 식물성 기름 1 큰술
- 중간 양파 1 개 잘게 썬 것
- 얇게 썬 작은 신선한 핫 칠리 페퍼 1~2 개, 선택 사항
- 2/3 컵 건포도 또는 말린 크랜베리, 또는 조합
- 익힌 핀토 콩 1/3 컵
- 잘게 썬 말린 살구 1/3 컵
- 강황 1/4 작은술
- 계피 1/2 작은술
- 1/4 티스푼 갈은 육두구 또는 신선한 육두구
- 말린 바질 1/2 작은술
- 신선한 오렌지 주스 1/4 컵
- 아가베 넥타 2 티스푼
- 취향에 따라 레몬 또는 라임 주스 1~2 큰술
- 1/2 컵 구운 캐슈 (전체 또는 다진 것) 또는 슬라이스 아몬드
- 맛을 내기 위해 소금과 갓 갈은 후추

지도

a) 냄비에 밥과 물 4 컵을 섞습니다. 은근히 끓인 다음 불을 낮추고 뚜껑을 덮고 30 분 동안 또는 물이 흡수될 때까지 부드럽게 끓입니다.

b) 밥이 다 되면 큰 프라이팬에 기름을 두릅니다. 양파와 선택 사항인 칠리 페퍼를 넣고 중불에서 노릇해질 때까지 볶습니다.

c) 쌀과 견과류, 소금, 후추를 제외한 나머지 모든 재료를 저어줍니다. 약 8~10 분 동안 자주 저으면서 약한 불로 요리하여 풍미가 섞이도록 합니다.

d) 견과류를 넣고 소금과 후추로 간을 한 다음 서빙합니다.

69. 콩밥 차차차 덮밥

인분: 6

재료

올리브 오일 2 큰술

다진 마늘 2 쪽

얇게 썬 양파 1 컵

껍질을 벗기고 얇게 썬 셀러리 1 컵

얇게 썬 당근 1 컵

칠리 파우더 1 티스푼

통조림 깍둑썬 청고추 ¼컵

핀토콩 1 파운드

대략적으로 썬 양파 ¼개

1 지방 263 칼로리

얇게 썬 버섯 2 컵

익힌 기본 검은콩 2 컵

½ 컵 비축 콩 스톡

다진 고수 2 큰술

맛에 소금과 후추

장립종 밥 3 컵

레몬즙 1 큰술

2 작은 술 소금 또는 맛

재료

크고 깊은 냄비에 올리브 오일을 넣고 마늘, 양파, 셀러리, 당근 칠리 파우더를 양파가 반투명해질 때까지 볶습니다.

고추와 버섯을 넣고 5 분 더 볶습니다.

콩, 콩 스톡 및 실란트로를 저어줍니다. 맛에 계절

뚜껑을 덮고 가끔 저어주면서 약 10 분 동안 약한 불로 끓입니다.

밥 위에 서빙하십시오

70.콩 순무 볶음

인분: 2 인

재료

- 올리브 오일 1 큰술
- 보라색 상단 순무 2 개 - 문질러 다듬고 깍뚝썰기
- 시금치 3 컵
- 1 15.5 온스 캔 핀토 콩 - 물기를 빼고 헹굽니다.
- 신선한 생강 1 큰술 - 잘게 썬 것
- 마늘 2 쪽 - 압착 또는 다진 것
- 꿀 1 큰술
- 쌀식초 1 큰술
- 저염 간장 2 큰술
- 장립종 쌀 1 컵 - 조리, 서빙용

지도

a) 식사를 위해 쌀이나 통곡물을 준비해야 하는 경우 볶음 요리를 만들기 전에 시작하십시오.

b) 큰 프라이팬에 올리브 오일을 넣고 중불로 가열합니다. 순무를 추가하고 8-12 분 동안 또는 옅은 갈색이 되고 부드러워질 때까지 가끔 저어 주거나 뒤집으면서 요리합니다.

c) 순무가 익는 동안 작은 그릇에 생강, 마늘, 꿀, 쌀식초, 간장을 넣고 휘젓습니다. 시금치, 콩, 소스를 프라이팬에 넣습니다. 4-6 분 동안 또는 시금치가 시들고 볶음 요리가 완전히 익을 때까지 요리합니다.

d) 밥 위에 따뜻하게 드십시오.

71. 양고기, 딜, 콩을 곁들인 밥

인분: 8 인분

재료
버터 2 큰술
중간 양파 1 개; 껍질을 벗기고 1/4 인치 두께의 조각으로 자른다
뼈없는 양고기 어깨살 3 파운드
물 3 컵
소금 1 큰술
불려서 물기를 뺀 익히지 않은 장립 백미 2 컵
신선한 딜 4 컵; 잘게 자른다
2 10 온스 핀토 콩
버터 8 큰술; 녹은 것
사프란 실 ¼티스푼; 분쇄하고 1 큰술에 녹입니다. 따뜻한 물

지도
뚜껑이 꼭 맞는 무거운 3~4 쿼트 캐서롤에 버터 2 테이블스푼을 적당한 열로 녹입니다.
거품이 가라앉기 시작하면 양파를 넣고 자주 저으면서 약 10 분 동안 또는 슬라이스가 진한 갈색이 될 때까지 요리합니다. 슬롯 형 스푼으로 접시에 옮깁니다.
한 번에 대여섯 개씩 양고기를 캐서롤에 남아 있는 기름에 노릇노릇하게 구워주면서 집게나 숟가락으로 뒤집으면서 불을 조절해 타지 않고 고르게 색이 짙어지도록 한다. 갈색이 되면 양고기 큐브를 양파와 함께 접시에 옮깁니다.
냄비에 물 3 컵을 붓고 센 불에서 끓이는 동안 팬 바닥과 옆면에 달라붙은 갈색 입자를 긁어냅니다. 양고기와 양파를 캐서롤에 다시 넣고 소금을 넣고 불을 약하게 줄입니다.

단단히 덮고 약 1 시간 15 분 동안 또는 양고기가 부드러워지고 작고 날카로운 칼 끝으로 찔렀을 때 저항이 보이지 않을 때까지 끓입니다. 양고기, 양파 및 모든 요리 액체를 큰 그릇에 옮기고 캐서롤을 따로 보관하십시오.

오븐을 350 도로 예열합니다. 5~6 쿼트 냄비에 물 6 컵을 끓입니다. 물이 끓는 것을 멈추지 않도록 쌀을 천천히 가늘게 붓습니다. 한두 번 저어가며 5 분 동안 세게 끓인 다음 팬을 불에서 내리고 딜과 콩을 넣고 잘 섞은 다음 고운 체에 받쳐 물기를 뺍니다.

쌀 혼합물의 약 절반을 캐서롤에 넣고 《양고기 요리용 액체 1 컵》으로 적십니다. 그런 다음 주걱이나 숟가락으로 쌀 혼합물을 팬 가장자리에 펴 바릅니다.

슬롯형 스푼으로 양고기와 양파를 캐서롤에 다시 넣고 밥 위에 부드럽게 얹습니다.

그런 다음 남은 쌀 혼합물을 위에 뿌립니다. 녹인 버터 2 큰술과 양고기 육수 6 큰술을 섞어 밥 위에 붓는다. 캐서롤을 센 불로 끓입니다.

단단히 덮고 오븐 중간에서 30~40 분 동안 또는 콩이 부드러워지고 쌀이 캐서롤의 모든 액체를 흡수할 때까지 굽습니다.

제공하려면 쌀 혼합물 한 컵 정도를 작은 그릇에 숟가락으로 떠서 녹인 사프란을 넣고 쌀이 밝은 노란색이 될 때까지 저어줍니다.

남은 밥의 절반 정도를 뜨거운 접시에 펴고 그 위에 양고기를 얹습니다. 나머지 일반 쌀 혼합물로 양고기를 덮고 사프란 쌀로 장식합니다. 남은 녹인 버터 6 큰술을 위에 붓습니다.

72. 치즈 맛이 나는 핀토 콩

인분: 4
재료
마늘 2 쪽
할라피뇨 1 개
식용유 1 큰술
2 15 온스 캔 핀토 콩
훈제 파프리카 1/4 작은술
커민 가루 1/4 작은술
갓 간 후추 1/8 작은술
핫소스 2 대시
슈레드 체다 치즈 1/2 컵
장립종 밥 2 인분

지도

마늘은 다지고 할라피뇨는 곱게 다진다.

냄비에 마늘, 할라피뇨, 식용유를 넣습니다. 마늘과 할라피뇨를 중불에서 약 1 분 동안 또는 마늘이 매우 향이 날 때까지 볶습니다.

핀토 콩 한 캔을 블렌더에 넣고 캔에 액체를 넣고 부드러워질 때까지 퓨레로 만듭니다.

반유동식으로 만든 콩과 물기를 뺀 두 번째 콩 캔을 마늘과 할라피뇨를 넣은 소스 냄비에 넣습니다. 섞어서 섞는다.

훈제 파프리카, 커민, 후추, 매운 소스로 콩을 간을 합니다. 잘 섞이도록 저어준 다음 가끔 저어주면서 중간 온도로 가열합니다.

마지막으로 잘게 썬 체다 치즈를 넣고 콩에 부드럽게 녹을 때까지 저어줍니다. 콩을 맛보고 원하는대로 조미료를 조정하십시오. 밥 위에 또는 좋아하는 식사와 함께 제공합니다.

73. 바질 페스토를 곁들인 쌀과 콩

인분:4 인분

재료
- 야채 쿠킹 스프레이
- 다진 양파 1 컵
- 익히지 않은 장립종 쌀 1 컵
- 무염 치킨 육수 13¾온스(1 캔)
- 껍질을 벗기지 않은 다진 토마토 1 컵
- 상업용 페스토 바질 소스 ¼컵
- 핀토콩 16 온스

지도
a) 큰 프라이팬에 쿠킹 스프레이를 바르고 뜨거워질 때까지 중불로 가열합니다.

b) 양파 추가; 소테 2 분. 쌀과 국물을 추가하십시오; 종기에 가져다.

c) 열을 줄이고 뚜껑을 덮지 않은 상태에서 15 분 동안 또는 밥이 익고 액체가 흡수될 때까지 끓입니다.

d) 토마토, 페스토 소스 및 콩을 저어줍니다. 2 분 동안 또는 완전히 가열될 때까지 요리합니다.

74.검은 콩과 쌀을 곁들인 옆구리 스테이크

인분6 인분

재료
- 1½ 파운드 플랭크 스테이크
- 식물성 기름 3 큰술
- 월계수잎 2 장
- 비프 스톡 5 컵
- 올리브 오일 4 큰술
- 2 양파; 다진 것
- 6 마늘 정향; 다진 것
- 말린 오레가노 1 큰술
- 간 커민 1 큰술
- 2 토마토; 씨를 뿌린 것, 다진 것
- 소금; 맛을보기 위해
- 갓 갈은 후추; 맛을보기 위해
- 핀토 콩
- 흰쌀밥
- 식물성 기름 2 큰술
- 계란 6 개

지도
a) 소금과 후추로 간을 한 스테이크. 무거운 대형 프라이팬에 식물성 기름을 넣고 센 불로 가열합니다. 스테이크를 추가하고 모든 면이 갈색이 될 때까지 요리합니다. 월계수 잎과 육수를 추가합니다.
b) 불을 줄이고 스테이크가 매우 부드러워질 때까지 약 2 시간 동안 가끔 뒤집어가며 천천히 끓입니다.
c) 열에서 제거하고 육수에서 고기를 식히십시오. 육수에서 고기를 꺼내 잘게 썬다. 요리용 액체 1 컵을 비축하십시오. 다른 용도로 남은 요리 액체를 비축하십시오. 무거운 대형 프라이팬에 올리브 오일을 넣고 중불로 가열합니다. 양파를 넣고 노릇해질 때까지 볶습니다.

d) 마늘, 오레가노, 커민을 넣고 향이 날 때까지 볶습니다. 토마토를 넣고 대부분의 액체가 증발할 때까지 계속 요리합니다.

e) 갈기리 찢긴 고기와 예비 요리 액체 1 컵을 추가합니다. 소금과 후추로 맛을 내십시오. 직사각형 접시에 쇠고기, 쌀, 콩을 3 줄로 놓고 쌀을 중앙에 놓습니다(베네수엘라 국기처럼 보일 것임).

f) 무거운 대형 프라이팬에 식물성 기름을 넣고 중불로 가열합니다. 계란을 프라이팬에 깨뜨립니다. 부드럽게 굳을 때까지 볶습니다. 콩, 고기, 밥 위에 얹어 드십시오.

75.아프리카 쌀과 콩

인분: 6

재료

½ 컵 레드 / 팜 / 또는 카놀라유 ½과 ½을 사용했습니다.

다진마늘 2-3 쪽

중간 크기 양파 1 개

훈제 파프리카 1 큰술

말린 타임 1 티스푼

스카치 보닛 페퍼 ½개 또는 카이엔 페퍼 ½티스푼

깍뚝썰기한 토마토 4 개

씻은 장립종 쌀 2 컵

익힌 콩 검은콩, 붉은콩, 검은콩 2 컵

닭고기 육수 또는 물 4 1/2 - 5 컵

맛을 내기 위해 소금 1 큰술 이상

1/4 컵 기재 옵션

선택 사항인 치킨 부용 1 티스푼

지도

냄비를 기름으로 가열합니다. 그런 다음 양파, 마늘, 백리향, 훈제 파프리카, 고추를 넣고 약 1 분 동안 볶고 토마토를 넣습니다. 5~7 분 정도 끓인다. 팬에 쌀을 저어주세요. 약 2 분 동안 계속 저어줍니다.

그런 다음 콩, 치킨 스톡/물 4 1/2 컵을 넣고 끓이다가 불을 줄이고 밥이 익을 때까지 약 18 분 이상 끓입니다. 소금과 후추로 조절하세요. 화상을 방지하기 위해 가끔 저어줘야 합니다.

닭고기, 스튜 또는 야채와 함께 따뜻하게 제공

76. 콩국수

인분: 4

재료

- 닭고기 2 컵, 익힌 후 깍뚝썰기
- 익힌 장립종 쌀 1 컵
- 물기를 제거한 핀토 콩 15 온스 캔 2 개
- 치킨스톡 4 컵
- 타코 시즈닝 믹스 2 큰술
- 1 컵 토마토 소스

토핑

- 강판 치즈
- 살사
- 다진 고수
- 다진 양파

지도

모든 재료를 중간 냄비에 넣습니다. 부드럽게 저어주세요.
가끔 저어주면서 약 20 분 동안 중불에서 끓입니다.
토핑과 함께 제공합니다.

77. 칠리 콘 카르네

재료

- 간/다진 쇠고기 500g
- 다진 큰 양파 1 개
- 마늘 3 쪽
- 2 다진 토마토 통조림 400g
- 토마토 퓌레 짜기
- 칠리 파우더 1 티스푼(또는 입맛에 맞게)
- 커민 가루 1 티스푼
- 우스터 소스의 대시
- 소금과 후추를 뿌린다
- 다진 고추 1 개
- 물기를 뺀 강낭콩 1 통 400g

지도
기름을 두른 팬에 양파를 거의 갈색이 될 때까지 볶은 다음 다진 마늘을 넣습니다.
다진 고기를 넣고 갈색이 될 때까지 저어줍니다. 원하는 경우 과도한 지방을 배출하십시오.
말린 향신료와 양념을 모두 넣은 다음 불을 줄이고 다진 토마토를 넣습니다.
잘 저은 후 토마토 퓌레와 우스터셔 소스를 넣고 약 1 시간 동안 끓입니다(바쁠 때는 덜 끓입니다).
다진 홍고추를 넣고 5 분간 끓이다가 물기를 뺀 강낭콩 통조림을 넣고 5 분간 더 끓인다.
쌀 재킷 감자 또는 파스타와 함께 제공하십시오!

78. 클래식 세 콩 칠리

재료:

물기를 빼고 헹군 검은콩 1 캔

강낭콩 1 캔, 물기를 빼고 헹굽니다.

물기를 빼고 헹군 핀토콩 1 캔

다진 양파 1 개

다진 마늘 2 쪽

다진 붉은 피망 1 개

칠리 파우더 1 큰술

커민 1 티스푼

파프리카 1/2 작은술

카이엔 고추 1/4 작은술

물기를 제거한 다진 토마토 2 캔

야채육수 2 컵

맛에 소금과 후추

지침:

큰 냄비에 양파, 마늘, 붉은 피망을 넣고 중불에서 부드러워질 때까지 볶습니다.

고춧가루, 커민, 파프리카, 카이엔 고추를 넣고 계속 저어주면서 1-2 분 동안 조리합니다.

깍둑썰기한 토마토(주스 포함), 콩, 야채 국물을 추가합니다. 칠리를 끓인 다음 불을 줄이고 30 분 동안 끓입니다. 맛을 내기 위해 소금과 후추로 간을 하고 뜨겁게 제공합니다.

79. 퀴노아 칠리

재료:

올리브 오일 1 큰술

다진 양파 1 개

다진 마늘 2 쪽

다진 붉은 피망 1 개

다진 녹색 피망 1 개

씨를 제거하고 다진 할라피뇨 고추 1 개

퀴노아 1 컵, 헹구고 물기 제거

물기를 빼고 헹군 검은콩 1 캔

강낭콩 1 캔, 물기를 빼고 헹굽니다.

물기를 제거한 다진 토마토 2 캔

야채육수 2 컵

칠리 파우더 1 큰술

커민 1 티스푼

훈제 파프리카 1/2 작은술

맛에 소금과 후추

지침:

큰 냄비에 올리브 오일을 중불로 가열합니다.

양파, 마늘, 빨간 피망, 풋 피망, 할라피뇨 고추를 넣고 부드러워질 때까지 볶습니다.
퀴노아, 콩, 잘게 썬 토마토, 야채 육수, 칠리 파우더, 커민, 훈제 파프리카를 넣습니다.
칠리를 끓인 다음 불을 줄이고 25-30 분 동안 또는 퀴노아가 익을 때까지 끓입니다.
맛을 내기 위해 소금과 후추로 간을 하고 뜨겁게 제공합니다.

80.매운 검은 콩 칠리

재료:

올리브 오일 1 큰술
다진 양파 1 개
다진 마늘 2 쪽
다진 녹색 피망 1 개
씨를 제거하고 다진 할라피뇨 고추 1 개
칠리 파우더 1 큰술
커민 1 티스푼
훈제 파프리카 1/2 작은술
물기를 빼고 헹군 검은콩 2 캔
물기를 제거한 채 썬 토마토 1 개
야채육수 2 컵
맛에 소금과 후추

지침:

큰 냄비에 올리브 오일을 중불로 가열합니다.

양파, 마늘, 청피망, 할라피뇨 고추를 넣고 부드러워질 때까지 볶습니다.

고춧가루, 커민, 훈제 파프리카를 넣고 계속 저어주면서 1-2 분 동안 조리합니다.

검은콩, 잘게 썬 토마토, 야채 육수를 넣습니다.

칠리를 끓인 다음 열을 줄이고 20-25 분 동안 끓입니다.

맛을 내기 위해 소금과 후추로 간을 하고 뜨겁게 제공합니다.

81. 스모키 치폴레 고구마 칠리

재료:

올리브 오일 1 큰술

다진 양파 1 개

다진 마늘 2 쪽

다진 붉은 피망 1 개

씨를 제거하고 다진 할라피뇨 고추 1 개

껍질을 벗기고 다진 중간 크기 고구마 2 개

물기를 빼고 헹군 검은콩 1 캔

물기를 제거한 채 썬 토마토 1 개

야채육수 2 컵

잘게 썬 아도보 소스의 치폴레 고추 2 개

훈제 파프리카 1 티스푼

맛에 소금과 후추

지침:

큰 냄비에 올리브 오일을 중불로 가열합니다.

양파, 마늘, 붉은 피망, 할라피뇨 고추를 넣고 부드러워질 때까지 볶습니다.

고구마를 넣고 5~7 분 동안 또는 부드러워지기 시작할 때까지 볶습니다.

검은콩, 잘게 썬 토마토, 야채 육수, 치폴레 고추, 훈제 파프리카를 넣습니다.

칠리를 끓인 다음 불을 줄이고 25-30 분 동안 또는 고구마가 부드러워질 때까지 끓입니다.

맛을 내기 위해 소금과 후추로 간을 하고 뜨겁게 제공합니다.

82. 렌즈콩 칠리

재료:

올리브 오일 1 큰술

다진 양파 1 개

다진 마늘 2 쪽

다진 붉은 피망 1 개

다진 녹색 피망 1 개

씨를 제거하고 다진 할라피뇨 고추 1 개

헹구고 물기를 뺀 말린 갈색 렌즈콩 1 컵

물기를 제거한 채 썬 토마토 1 개

야채육수 2 컵

칠리 파우더 1 큰술

커민 1 티스푼

훈제 파프리카 1/2 작은술

맛에 소금과 후추

지침:

큰 냄비에 올리브 오일을 중불로 가열합니다.

양파, 마늘, 빨간 피망, 풋 피망, 할라피뇨 고추를 넣고 부드러워질
때까지 볶습니다. 렌틸콩, 잘게 썬 토마토, 야채 육수, 칠리
파우더, 커민, 훈제 파프리카를 넣습니다. 칠리를 끓인 다음 불을
줄이고 25-30 분 동안 또는 렌즈콩이 부드러워질 때까지 끓입니다.
맛을 내기 위해 소금과 후추로 간을 하고 뜨겁게 제공합니다.

83. 국밥

인분: 4

재료
큰 셀러리 줄기 4 개
큰 당근 3 개
중간 크기 흰 양파 1 개
말린 타임 1 티스푼
말린 파슬리 1 티스푼
마늘 가루 1 티스푼
소금 1 티스푼
세이지 가루 1/2 작은술
코코넛 아미노 1 큰술
야채육수 4 컵
물 2 컵
긴 곡물 흰 쌀 2/3 컵
핀토 콩 1 캔(15 온스 캔)

지도

채소를 한 입 크기로 깍둑썰기하거나 잘게 썬다.

스토브에 큰 냄비를 넣고 중불을 켭니다. 냄비 바닥에 아보카도 오일이나 올리브 오일 스프레이를 뿌립니다. 야채를 추가합니다.

야채를 3~4 분 익혀주세요.

3~4 분 후 향신료, 월계수 잎 코코넛 아미노를 첨가합니다. 1~2 분 더 저어가며 익힌다.

채소가 익는 동안 쌀을 잘 헹굽니다.

야채 육수 1/2 컵을 넣고 냄비의 바닥/측면을 긁어 바닥에서 갈색 조각을 제거합니다.

냄비에 나머지 국물, 물, 쌀을 넣습니다. 약동하고 덮으십시오. 열을 최고로 올리십시오.

국물이 끓어오르면 약불로 줄이고 15 분간 끓인다.

국물이 끓는 동안 콩을 헹구고 물기를 뺍니다. 그리고 수프에 추가하십시오. 서빙 직전에 월계수 잎을 제거합니다. 뜨겁게 서빙하십시오.

84. 클래식 칠리

재료:

강낭콩 1 캔 물기를 빼고 헹굽니다.

물기를 빼고 헹군 검은콩 1 캔

물기를 빼고 헹군 핀토콩 1 캔

다진 양파 1 개

다진 마늘 2 쪽

다진 붉은 피망 1 개

다진 녹색 피망 1 개

통조림 토마토 1 개

토마토소스 1 캔

칠리 파우더 1 큰술

간 커민 1 티스푼

맛에 소금과 후추

지침:

중간 정도 높은 열에 큰 냄비에 기름을 가열합니다.

양파, 마늘, 피망을 넣고 양파가 투명해질 때까지 끓입니다.

통조림 토마토, 토마토 소스, 향신료를 냄비에 넣고 잘 저어줍니다.

콩을 넣고 15~20 분간 끓인다.

소금과 후추로 간을 합니다.

85. 칠면조와 흰 콩 칠리

재료:

올리브 오일 1 큰술
다진 칠면조 1 파운드
다진 양파 1 개
다진 마늘 2 쪽
물기를 빼고 헹군 흰콩 2 캔
통조림 토마토 1 개
닭육수 2 컵
칠리 파우더 2 티스푼
커민 1 티스푼
맛에 소금과 후추
지침:

중간 정도 높은 열에 큰 냄비에 올리브 오일을 가열합니다.

갈은 칠면조, 양파, 마늘을 넣고 칠면조가 갈색이 될 때까지 요리합니다.

통조림 토마토, 닭고기 육수, 향신료를 냄비에 넣고 잘 저어줍니다.

흰콩을 넣고 20~25 분간 끓입니다.

소금과 후추로 간을 합니다.

86. 버터넛 스쿼시와 블랙빈 칠리

재료:

올리브 오일 2 큰술
다진 양파 1 개
다진 마늘 3 쪽
껍질을 벗기고 다진 버터넛 스쿼시 1 개
물기를 빼고 헹군 검은콩 1 캔
통조림 토마토 1 개
야채육수 2 컵
칠리 파우더 2 티스푼
커민 1 티스푼
맛에 소금과 후추
지침

중간 정도 높은 열에 큰 냄비에 올리브 오일을 가열합니다.

양파, 마늘, 버터넛 스쿼시를 넣고 5~7 분간 끓입니다.

통조림 토마토, 야채 육수, 향신료를 냄비에 넣고 잘 저어줍니다.

검은콩을 넣고 20-25 분 동안 또는 버터넛 스쿼시가 부드러워질 때까지 끓입니다.

소금과 후추로 간을 합니다.

87. 슬로우쿠커 치킨 블랙빈 칠리

재료:

다진 뼈와 껍질을 제거한 닭가슴살 1 파운드
양파 1 개
다진 마늘 2 쪽
물기를 빼고 헹군 검은콩 1 캔
통조림 토마토 1 개
닭육수 2 컵
칠리 파우더 2 티스푼
커민 1 티스푼
맛에 소금과 후추
지침:

슬로우 쿠커에 모든 재료를 넣고 잘 섞이도록 저어줍니다.

약불에서 6~8 시간, 강불에서 3~4 시간 동안 조리하세요.

소금과 후추로 간을 합니다.

88. 퀴노아와 검은콩 칠리

재료:

올리브 오일 1 큰술
다진 양파 1 개
다진 마늘 2 쪽
다진 붉은 피망 1 개
물기를 빼고 헹군 검은콩 1 캔
통조림 토마토 1 개
야채육수 2 컵
퀴노아 1/2 컵
칠리 파우더 2 티스푼
커민 1 티스푼
맛에 소금과 후추
지침:

중간 정도 높은 열에 큰 냄비에 올리브 오일을 가열합니다.

양파, 마늘, 피망을 넣고 양파가 투명해질 때까지 끓입니다.

통조림 토마토, 야채 육수, 퀴노아, 향신료를 냄비에 넣고 잘 저어줍니다.

검은콩을 넣고 20~25 분 동안 또는 퀴노아가 부드러워질 때까지 끓입니다.

소금과 후추로 간을 합니다.

89. 쇠고기와 콩 칠리

재료

갈은 소고기 1 파운드
다진 양파 1 개
다진 마늘 2 쪽
강낭콩 1 캔 물기를 빼고 헹굽니다.
통조림 토마토 1 개
육수 2 컵
칠리 파우더 2 티스푼
커민 1 티스푼
맛에 소금과 후추
지침

갈은 소고기를 큰 냄비에 넣고 중불에서 갈색이 될 때까지 익힙니다.

양파와 마늘을 넣고 양파가 투명해질 때까지 끓입니다.

통조림 토마토, 쇠고기 국물, 향신료를 냄비에 넣고 잘 저어줍니다.

강낭콩을 넣고 20~25 분간 끓입니다.

소금과 후추로 간을 합니다.

90. 렌즈 콩과 검은 콩 칠리

재료:

올리브 오일 2 큰술
다진 양파 1 개
다진 마늘 2 쪽
다진 붉은 피망 1 개
물기를 빼고 헹군 검은콩 1 캔
통조림 토마토 1 개
야채육수 2 컵
헹구고 물기를 뺀 말린 렌틸콩 1 컵
칠리 파우더 2 티스푼
커민 1 티스푼
맛에 소금과 후추
지침:

중간 정도 높은 열에 큰 냄비에 올리브 오일을 가열합니다.

양파, 마늘, 피망을 넣고 양파가 투명해질 때까지 끓입니다.

통조림 토마토, 야채 육수, 렌즈콩, 향신료를 냄비에 넣고 잘 저어줍니다.

검은콩을 넣고 25~30 분 동안 또는 렌즈콩이 부드러워질 때까지 끓입니다.

소금과 후추로 간을 합니다.

91.돼지고기와 흰 콩 칠리

재료:

손질 및 잘게 썬 돼지 어깨살 1 파운드

다진 양파 1 개

다진 마늘 2 쪽

물기를 빼고 헹군 흰콩 2 캔

통조림 토마토 1 개

닭육수 2 컵

칠리 파우더 2 티스푼

커민 1 티스푼

맛에 소금과 후추

지침:

갈색이 될 때까지 중간 정도 높은 열에 큰 냄비에 돼지 고기 어깨를 요리하십시오.

양파와 마늘을 넣고 양파가 투명해질 때까지 끓입니다.

통조림 토마토, 닭고기 육수, 향신료를 냄비에 넣고 잘 저어줍니다.

흰콩을 넣고 20~25 분간 끓입니다.

소금과 후추로 간을 합니다.

92. 칠면조와 콩 칠리

재료:

다진 칠면조 1 파운드
다진 양파 1 개
다진 마늘 2 쪽
강낭콩 1 캔 물기를 빼고 헹굽니다.
물기를 빼고 헹군 검은콩 1 캔
통조림 토마토 1 개
닭육수 2 컵
칠리 파우더 2 티스푼
커민 1 티스푼
맛에 소금과 후추
지침:

큰 냄비에 다진 칠면조를 갈색이 될 때까지 중간 정도 높은 열에서 요리합니다.

양파와 마늘을 넣고 양파가 투명해질 때까지 끓입니다.

통조림 토마토, 닭고기 육수, 향신료를 냄비에 넣고 잘 저어줍니다.

강낭콩과 검정콩을 넣고 20~25 분간 끓입니다.

소금과 후추로 간을 합니다.

93.고구마와 검은 콩 칠리

재료:

올리브 오일 2 큰술
다진 양파 1 개
다진 마늘 2 쪽
다진 붉은 피망 1 개
껍질을 벗기고 깍둑썰기한 큰 고구마 1 개
물기를 빼고 헹군 검은콩 1 캔
통조림 토마토 1 개
야채육수 2 컵
칠리 파우더 2 티스푼
커민 1 티스푼
맛에 소금과 후추
지참:

중간 정도 높은 열에 큰 냄비에 올리브 오일을 가열합니다.

양파, 마늘, 피망을 넣고 양파가 투명해질 때까지 끓입니다.

냄비에 고구마, 통조림 토마토, 야채 육수, 향신료를 넣고 잘 저어줍니다.

검은콩을 넣고 25~30 분 동안 또는 고구마가 부드러워질 때까지
끓입니다.

소금과 후추로 간을 합니다.

94. 쇠고기와 베이컨 콩 칠리

재료:

갈은 소고기 1 파운드
깍뚝썰기한 베이컨 4 장
다진 양파 1 개
다진 마늘 2 쪽
강낭콩 1 캔 물기를 빼고 헹굽니다.
통조림 토마토 1 개
육수 2 컵
칠리 파우더 2 티스푼
커민 1 티스푼
맛에 소금과 후추
지침:

바삭해질 때까지 중간 정도 높은 열에 큰 냄비에 베이컨을 요리합니다. 냄비에서 꺼내 따로 보관하십시오.

냄비에 다진 쇠고기를 넣고 갈색이 될 때까지 요리합니다.

양파와 마늘을 넣고 양파가 투명해질 때까지 끓입니다.

통조림 토마토, 쇠고기 국물, 향신료를 냄비에 넣고 잘 저어줍니다.

강낭콩을 넣고 20~25 분간 끓입니다.

소금과 후추로 간을 합니다. 바삭한 베이컨을 얹습니다.

95. 버터넛 스쿼시와 병아리콩 칠리

재료:

올리브 오일 2 큰술
다진 양파 1 개
다진 마늘 2 쪽
다진 붉은 피망 1 개
껍질을 벗기고 깍둑썰기한 작은 버터넛 스쿼시 1 개
물기를 빼고 헹군 병아리콩 1 캔
통조림 토마토 1 개
야채육수 2 컵
칠리 파우더 2 티스푼
커민 1 티스푼
맛에 소금과 후추
지침:

중간 정도 높은 열에 큰 냄비에 올리브 오일을 가열합니다.
양파, 마늘, 피망을 넣고 양파가 투명해질 때까지 끓입니다.
버터넛 스쿼시, 통조림 토마토, 야채 육수, 향신료를 냄비에 넣고 잘 저어줍니다.
병아리콩을 넣고 25~30 분 동안 또는 스쿼시가 부드러워질 때까지 끓입니다.
소금과 후추로 간을 합니다.

96. 라임을 곁들인 치킨 화이트 빈 칠리

재료:

한 입 크기로 자른 뼈와 껍질을 제거한 닭가슴살 1 파운드

다진 양파 1 개

다진 마늘 2 쪽

물기를 빼고 헹군 흰콩 1 캔

통조림 토마토 1 개

닭육수 2 컵

라임 1 개 즙

칠리 파우더 2 티스푼

커민 1 티스푼

맛에 소금과 후추

지침

갈색이 될 때까지 중간 정도 높은 열에 큰 냄비에 닭고기를 요리합니다.

양파와 마늘을 넣고 양파가 투명해질 때까지 끓입니다.

통조림 토마토, 닭고기 육수, 라임 주스, 향신료를 냄비에 넣고 잘 저어줍니다.

흰콩을 넣고 20~25 분간 끓입니다.

소금과 후추로 간을 합니다.

97. 쇠고기와 맥주를 곁들인 콩 칠리

재료:

갈은 소고기 1 파운드
다진 양파 1 개
다진 마늘 2 쪽
강낭콩 1 캔 물기를 빼고 헹굽니다.
통조림 토마토 1 개
맥주 1 잔
육수 2 컵
칠리 파우더 2 티스푼
커민 1 티스푼
맛에 소금과 후추
지침:

갈은 소고기를 큰 냄비에 넣고 중불에서 갈색이 될 때까지 익힙니다.

양파와 마늘을 넣고 양파가 투명해질 때까지 끓입니다.

냄비에 통조림 토마토, 맥주, 소고기 국물, 향신료를 넣고 잘 저어줍니다.

강낭콩을 넣고 20~25 분간 끓입니다.

소금과 후추로 간을 합니다.

98. 모로코 양고기 칠리

재료:

갈은 양고기 2 파운드
올리브 오일 2 큰술
다진 큰 양파 1 개
다진 마늘 4 쪽
다진 붉은 피망 2 개
물기를 제거한 다진 토마토 1 캔(28oz)
물기를 빼고 헹군 병아리콩 2 캔(각각 15 온스)
하리사 페이스트 2 큰술
계피 가루 1 타스푼
간 생강 1/2tsp
소금과 후추, 취향껏
지침:

중간 정도 높은 열에 큰 냄비에 올리브 오일을 가열합니다.

양파와 마늘을 넣고 양파가 투명해질 때까지 볶습니다.

갈은 양고기를 넣고 갈색이 될 때까지 요리합니다.

빨간 파프리카를 넣고 5 분간 계속 끓인다.

다진 토마토, 병아리콩, 하리사 페이스트, 계피, 생강, 소금, 후추를 넣습니다.

끓으면 약불로 줄여 30 분간 끓인다.

뜨겁게 서빙하고 즐기십시오!

99. 아이리시 램 칠리

재료:

갈은 양고기 2 파운드
올리브 오일 2 큰술
다진 큰 양파 1 개
다진 마늘 4 쪽
다진 붉은 피망 2 개
물기를 제거한 다진 토마토 1 캔(28oz)
물기를 빼고 헹군 카넬리니 콩 2 캔(각각 15 온스)
아일랜드 스타우트 맥주 1 병
토마토 페이스트 2 큰술
흑설탕 1 큰술
우스터셔 소스 1 큰술
말린 타임 1 티스푼
소금과 후추, 취향껏
지침:
중간 정도 높은 열에 큰 냄비에 올리브 오일을 가열합니다.
양파와 마늘을 넣고 양파가 투명해질 때까지 볶습니다.
갈은 양고기를 넣고 갈색이 될 때까지 요리합니다.

빨간 파프리카를 넣고 5 분간 계속 끓인다.

잘게 썬 토마토, 카넬리니 콩, 아일랜드 스타우트 맥주, 토마토 페이스트,
흑설탕, 우스터셔 소스, 타임, 소금, 후추를 넣습니다.

끓으면 약불로 줄여 30 분간 끓인다.

뜨겁게 서빙하고 즐기십시오

100.   과일 칠리 수프

재료:

올리브 오일 2 큰술
다진 큰 양파 1 개
다진 마늘 4 쪽
다진 붉은 피망 1 개
다진 녹색 피망 1 개
씨를 빼고 다진 할라피뇨 고추 2 개
물기를 제거한 다진 토마토 1 캔(28 온스)
야채 또는 닭고기 육수 4 컵
간 커민 1 티스푼
칠리 파우더 1 티스푼
말린 오레가노 1 티스푼
소금 1 티스푼
후추 1/2 작은술
다진 혼합 과일 2 컵(파인애플, 망고, 복숭아 등)
라임 1 개 즙
다진 신선한 실란트로 1/4 컵
지침:

중간 정도 높은 열에 큰 냄비에 올리브 오일을 가열합니다.
양파와 마늘을 넣고 양파가 투명해질 때까지 볶습니다.
빨강 및 초록 피망, 할라피뇨 고추를 넣고 5 분 동안 계속 끓입니다.
다진 토마토, 육수, 커민 칠리 파우더, 오레가노, 소금, 후추를 넣습니다.
끓으면 약불로 줄여 15 분간 끓인다.
다진 혼합 과일, 라임 주스, 고수를 넣고 5 분간 더 끓입니다.
뜨겁게 서빙하고 즐기십시오!

결론

이 요리책이 풍부하고 매운 칠리의 세계를 탐험하는 데 영감을 주셨기를 바랍니다. 선택할 수 있는 100 가지의 맛있고 독특한 요리법으로 미뢰를 따뜻하게 하고 요리 기술로 친구와 가족에게 깊은 인상을 남길 수 있습니다.

하지만 이 요리책은 시작에 불과합니다. 새로운 재료와 기법을 실험하여 나만의 레시피를 만드시기 바랍니다. 칠리는 대담하고 매운 맛에 관한 것이며 약간의 창의력을 발휘하면 자신의 취향과 스타일을 반영한 독특한 요리를 만들 수 있습니다.

칠리 요리의 예술을 발견하기 위한 이 여정에 참여해 주셔서 감사합니다. 이 요리책이 가장 추운 날에도 몸을 따뜻하게 해 줄 맛있고 향긋한 요리를 만들 수 있는 도구와 영감을 주었기를 바랍니다. 행복한 요리!.